NEW 점프! 대학중국어

지은이

맹유(孟維)

· 중국 요녕성(遼寧省) 금주(錦州)에서 출생
· 중국 대련외국어대학 한국어학과 졸업
· 경북대학교 대학원에서 석사학위 취득(현대한어어법학 전공)
· 영남대학교 대학원에서 박사학위 취득(중국현대문학 전공)
· 현재 경북대학교, 영남대학교에서 강의
· 저서로는 『중국인이 가장 많이 쓰는 중국어표현 200』(공저) 외 다수
· 번역서로는 『古時調100選』 외 다수

배득성(裵得成)

· 경북대학교 중어중문학과 졸업
· 경북대학교 대학원에서 석사학위 취득(현대한어어법학 전공)
· 대만 청화대학 중문연구소에서 박사과정 수료(현대한어어법학 전공)
· 중국 중산대학에서 박사과정 졸업(국제중국어교육 전공)
· 경북대학교 대학원에서 박사학위 취득(현대한어어법학, 중국어교육 전공)
· 위덕대학교, 계명대학교, 교육부 중앙교육연수원 등에서 강의
· 현재 경북대학교 중어중문학과에서 강의
· 중국어교육 관련 논문 다수

사위국(謝衛菊)

· 중국 사천성(四川省) 팽주(彭州)에서 출생
· 중국 사천사범대학 공상관리학과 졸업
· 경북대학교 대학원에서 석사학위 취득(현대한어어법학 전공)
· 경북대학교 대학원에서 박사학위 취득(현대한어어법학 전공)
· 현재 경북대학교 중어중문학과에서 강의
· 현대한어어법 관련 논문 다수

정영지(鄭榮芝)

· 경북대학교 중어중문학과 졸업
· 경북대학교 대학원에서 석사학위 취득(중국 음운학 전공)
· 중국 중산대학에서 박사학위 취득 (중국 음운학, 문자학 전공)
· POSTECH 인문사회학부에서 강의
· 현재 경북대학교 중어중문학과 및 어학센터에서 강의
· 「二等 開口 喉牙音字 중 i-介音의 來源 고찰」, 「어기조사 '啊'의
 音變 처리상의 문제 및 교육」 등 음운, 음성 관련 어학 논문 다수

이혜정(李惠貞)

· 경북대학교 중어중문학과 졸업
· 경북대학교 대학원에서 석사학위 취득(현대한어어법학 전공)
· 중국 북경사범대학에서 박사학위 취득(현대한어어법학 전공)
· 현재 경북대학교 중어중문학과에 부교수로 재직 중
· 현대한어어법 관련 논문 다수

NEW 점프! 대학중국어

찍은 날 2024년 2월 19일 | **펴낸 날** 2024년 2월 28일
지은이 맹유·배득성·사위국·정영지·이혜정 지음
펴낸이 홍원화 | **펴낸 곳** 경북대학교출판부
출판등록 1973년 10월 10일 ㉑97호 | **주소** 대구광역시 북구 대학로 80
전화 053-950-3830 | **팩스** 053-953-4692
이메일 press@knu.ac.kr | **홈페이지** http://knupress.com
ISBN 978-89-7180-631-9 93720

정가는 뒤표지에 있습니다. 파본은 바꾸어 드립니다.

NEW

점프! 대학중국어

맹유·배득성·사위국·정영지·이혜정 지음

경북대학교출판부

들어가는 말

'세월이 유수 같다'는 말을 다시 한번 떠올린다. 『New 스타트! 대학 중국어』를 출판할 때 두 번째 교재도 지체 없이 출판하겠다는 나름의 구상이 있었다. 그런데 학기가 시작되면서 또 한 해가 훌쩍 지나가 버렸다. 그래도 작년 3월부터 중국어교재편찬위원회 필진이 바쁜 시간을 쪼개 틈틈이 작업한 덕분에 2024년도 1학기부터는 새로운 교재로 수업을 진행할 수 있게 되었다. 참 다행스러운 일이다. 이 모두가 아이디어 회의부터 집필까지 한 치의 소홀함도 없이 끝까지 책임감 있게 교재 편찬에 힘써 주신 필진이 있었기에 가능한 일이었다. '어떻게 하면 학습자에게 도움을 주는 교재를 만들 수 있을까?'가 십여 차례 편찬 회의에서 논의된 유일한 기준이었다. 열띤 논의 끝에 나온 결실이니만큼 학습자에게도 환영을 받기를 기대해 본다.

본 교재는 『New 스타트! 대학 중국어』의 후속 교재로, 기본 구성이 대동소이하다. 총 과수는 대학의 실제 수업 일수(12~13주)를 고려하여 10과로 구성하였고, 매 과마다 회화(새단어&본문), 단문연습, 교체연습, 어법포인트, 연습문제가 편성되어 있다. 학습자들이 중국어 회화체 외에 서술체를 동시에 익힐 수 있도록 준비한 단문연습 파트에서는 중국어 읽기 능력을 강화할 수 있도록 병음의 위치를 중국어 단문 아래에 두지 않고 지면 하단에 별도로 배치하였다. 이 외에 새롭게 추가한 '핵심문장' 파트는 과별 핵심문장을 한 번 더 점검하는 장으로 나름의 역할을 할 수 있을 것이다.

매 파트마다 공을 많이 들였지만, 회화 파트는 특히 그러하다. 『New 스타트! 대학 중국어』 회화와의 연속성을 고려하여 중국 유학 중인 세 명의 유학생 유진, 데이비드, 야마다가 겨울방학을 마치고 두 번째 학기를 맞이하면서 경험할 법한 상황들을 중심으로 구성하였다. 다양한 토픽과 시의성 있는 표현들이 기존의 교재들과 차별성을 가지고 있어 학습자들이 좀 더 흥미롭게 다가갈 수 있을 것으로 기대한다. 본 교재의 난이도는 초·중급 수준에 맞춰져 있다. 입문편인 『New 스타트! 대학 중국어』에 이어 본 교재를 학습하면 초·중급 수준의 중국어 회화 실력을 갖출 수 있을 것이다.

AI니 번역기니 해서 외국어 학습 열기가 예전만 같지 않고 심지어 외국어 학습에 대한 무용론을 제기하는 사람도 있다. 그러나 이것은 외국어를 단순히 기능적인 측면에서만 바라보는 것이다. "하나의 외국어에 통달한다는 것은 또 하나의 세계를 발견하는 것이다."라는 말이 있다. 이 말이 외국어 학습의 본질이 아닐까 생각해 보면서 많은 학습자가 이 교재를 통해 '중국'이라는 또 하나의 세계와 마주하는 기회를 가질 수 있기를 기대해 본다. 끝으로 본 교재를 편찬하는 데 많은 애정과 관심을 가지고 교재의 완성도를 높이기 위해 다양한 의견을 개진해 주신 학과 선생님들께 감사의 인사를 전한다.

2024년 1월 20일
중국어교재편찬위원회

이 책의 **구성**

『NEW 점프! 대학중국어』는 교양 중국어 수업을 위한 교재로서 세부 구성은 다음과 같다.

새단어

모든 단어는 병음, 품사, 의미, HSK 급수 순으로 배열하였다. 품사와 HSK 급수는 2021년 3월에 공표된 国际中文教育中文水平等级标准을 따랐으며 품사가 명시 안 된 경우에는 이 책에서도 표기하지 않았다. 그리고 급수가 없는 단어는 国际中文教育中文水平等级标准에 수록되어 있지 않은 단어, 구 또는 관형어(성어)이다.

본문

일상생활과 밀접한 내용들로 구성하여 실용적이면서도 유익한 문장들을 익힐 수 있도록 하였다. 모든 과는 총 두 개의 회화로 구성되어 있다.

단문연습

매 과마다 서술체의 단문을 추가하여 회화체 문장뿐만 아니라 서술체 문장도 함께 학습하도록 하였다. 또한 병음을 쪽 하단에 배치하여 중국어만을 보고 읽을 수 있는 환경을 마련하였다.

교체연습

회화에 나오는 주요 문장을 다양한 어휘로 바꿔 가며 연습하여 핵심 구문을 자연스럽게 익히도록 하였다.

어법포인트

회화에서 다루어진 주요 어법을 설명하고 [바로 확인하기]를 통해 해당 어법에 대한 이해도를 향상시키도록 하였다.

연습문제

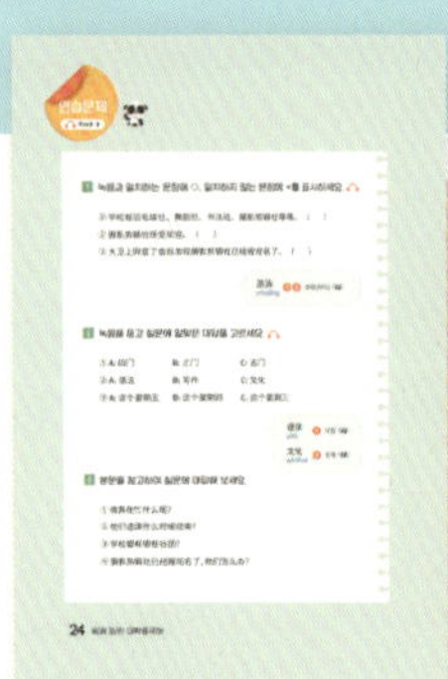

매 과에서 학습한 내용과 관련된 문제 풀이를 통해 듣기, 읽기, 말하기, 쓰기가 자연스럽게 완성되도록 하였다.

핵심문장

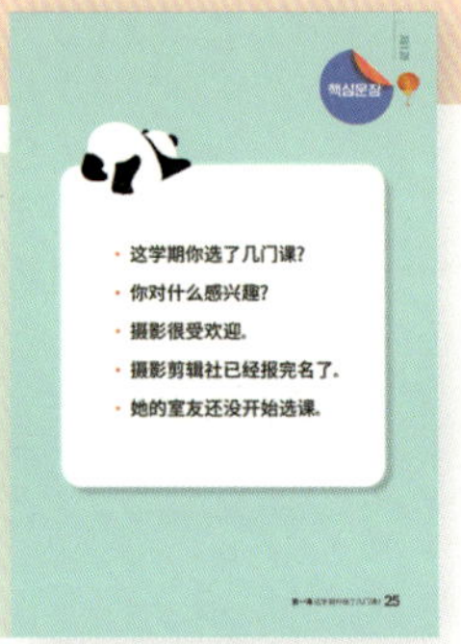

매 과마다 핵심이 되는 문장 다섯 개씩을 배치하여 마지막 단계에서 다시 한번 익히도록 하였다.

일러두기

중국어 품사 표기

품사	표기	품사	표기	품사	표기
명사	명	동사	동	조동사	조동
고유명사	고명	형용사	형	전치사	전
인칭대명사	대	부사	부	접속사	접
지시대(명)사	대	수사	수	조사	조
의문대(명)사	대	양사	양	감탄사	감
의성어	의성	성어	성		

주요 등장인물 소개

金维真

Jīn Wéizhēn

중국영화 보기, 축구, 여행 등 다양한 취미를 가지고 있는 명랑하고 활달한 한국 학생

大卫

Dàwèi

중국어와 중국영화 보기를 좋아해서 고등학교 졸업 후 바로 중국으로 유학 온 적극적이고 도전정신이 강한 미국 학생

山田

Shāntián

배려심 깊고 사교성이 좋으며 취미가 축구인 일본 학생

伊莉莎

Yīlìshā

국내에서 이미 초급 수준까지 중국어를 배우고 이번 학기에 중급반에 새로 등록한 우간다 학생

이 책의 학습내용

	제목	주제	핵심내용	어법포인트
제1과	**这学期你选了几门课?** 이번 학기에 몇 과목 신청했어?	수강신청 동아리 신청	这学期你选了几门课? 摄影剪辑社已经报完名了。	결과보어 동태조사 '了' 부정부사 '没(有)'
제2과	**你是从哪个国家来的?** 너 어느 나라에서 왔니?	새 친구 휴대폰 개통	你是从哪个国家来的? 你要先买一个手机，再办张手机卡。	'是~的'문 정도보어 '先~,再~'
제3과	**我们这儿扫码点餐。** 우리 식당은 모바일 스캔으로 주문을 합니다.	음식 주문	我们这儿扫码点餐。 你想吃点儿什么? 我们先点三个吧，不够再点。	'有点儿'과 '(一)点儿' 동태조사 '过' '好'+동사 '一~就~'
제4과	**这次端午节过得很有意义。** 이번 단오절은 참 의미 있게 보냈어.	전통 명절 만리장성 원데이 투어	这次端午节过得很有意义。 除了端午节以外，中国还有哪些传统节日? 不到长城非好汉。	시량보어 조동사 '会' '除了~(以外)' 형용사 중첩 '虽然~,但是~'
제5과	**下个星期就要期中考试了。** 다음 주면 곧 중간고사네.	중간고사 인터넷 강의	下个星期就要期中考试了。 最近大家都很喜欢听网课。	'把'자문 반어문 조동사 '应该' '又~又~'
제6과	**我昨天回宿舍的路上被雨淋了。** 어제 기숙사로 돌아오는 길에 비를 맞았어.	감기 병원 진료	我的头和嗓子都很疼，一直咳嗽，全身发冷。 给你开三天的药，一天吃三次。	'被'자문 동량보어
제7과	**看来中国年轻人的社交平台也够丰富的。** 보아하니 중국 애들이 사용하는 SNS가 아주 다양하네.	SNS 1인 미디어	现在很多人都在玩儿抖音。 最近玩儿小红书的人一天比一天多。 有的年轻人也很喜欢刷朋友圈。 我最近开始做自媒体了。	'一+양사+比 +一+양사' 가능보어 '不是~,就是~'
제8과	**我打算去西安走走。** 나는 시안에 다녀올 계획이야.	시안 여행 기차표 예약	我打算去西安走走。 暑假是旅游旺季，我们得提前订票。 那我们就上网订票吧。	'A是A, 不过~' '还是~吧' 단순방향보어
제9과	**我们在网上预订了一个标准间。** 인터넷으로 스탠더드 룸 하나를 예약했어요.	호텔 투숙 시안 관광	我们在网上用山田本一的名字预订了一个标准间。 百闻不如一见，终于亲眼见到兵马俑了。 大雁塔是唐代保管佛经的地方，登上塔顶，整个长安城尽收眼底。	조동사 '得' 복합방향보어 동태조사 '着'
제10과	**祝你一路平安!** 조심히 잘 가!	귀국 탑승 수속 작별 인사	眼看我们就要回国了。 你订的是几号的飞机? 你登机手续都办好了吗? 我们随时微信联系。祝你一路平安!	조동사 '愿意' 겸어문 'A不如B'

目次 목차

目次
목차

1

这学期你选了几门课?

회화 1

제1과 | 这学期你选了几门课?

새단어

Track 1

开学 kāixué	동	개학하다	2급
刚 gāng	부	막, 방금	2급
选 xuǎn	동	선택하다	2급
完 wán	동	완성하다, 끝마치다	2급
学期 xuéqī	명	학기	2급
门 mén	양	과목	1급
听力 tīnglì	명	듣기	3급
会话 huìhuà	명	회화	
阅读 yuèdú	명 동	독해, 읽다	4급
写作 xiězuò	명 동	작문(하다)	3급
结束 jiéshù	동	끝나다, 마치다	3급
截止 jiézhǐ	동	마감하다	6급
赶紧 gǎnjǐn	부	서둘러	3급

본문

Track 2

室友: 维真，你忙什么呢？
Wéizhēn, nǐ máng shénme ne?

维真: 马上就要开学了，我刚选完课。你选了吗？
Mǎshàng jiù yào kāixué le, wǒ gāng xuǎn wán kè. Nǐ xuǎn le ma?

室友: 还没呢。这学期你选了几门课？
Hái méi ne. Zhè xuéqī nǐ xuǎn le jǐ mén kè?

维真: 四门。
Sì mén.

室友: 都选了什么课？
Dōu xuǎn le shénme kè?

维真: 听力、会话、阅读和写作。
Tīnglì, huìhuà, yuèdú hé xiězuò.

室友: 我们选课什么时候结束？
Wǒmen xuǎn kè shénme shíhou jiéshù?

维真: 截止到这个星期五，你也赶紧吧。
Jiézhǐ dào zhè ge xīngqīwǔ, nǐ yě gǎnjǐn ba.

室友: 好的。我这*就去选。
Hǎo de. Wǒ zhè jiù qù xuǎn.

TIP

* '这'는 대화체에서 '现在'의 의미를 나타내며 어기를 강조하는 역할을 합니다. 뒤에 就, 才, 都 등이 자주 나와요.
예 他这就来。

회화 2

새단어

Track 3

社团	shètuán	명	동아리	7~9급
报名	bàomíng	동	신청하다	2급
参加	cānjiā	동	참가하다	2급
哪些	nǎxiē	대	어떤(복수로 쓰임)	2급
羽毛球	yǔmáoqiú	명	배드민턴	5급
社	shè	명	단체	5급
舞蹈	wǔdǎo	명	댄스	6급
书法	shūfǎ	명	서예	5급
摄影	shèyǐng	명 동	촬영(하다)	5급
剪辑	jiǎnjí	명	편집	
对~感兴趣	duì~gǎn xìngqù		~에 대해 흥미를 느끼다	
受	shòu	동	받다, 받아들이다	3급
欢迎	huānyíng	동	환영하다	2급
可惜	kěxī	형	아쉽다, 애석하다	5급
上网	shàngwǎng		인터넷에 접속하다	1급
查	chá	동	검색하다, 조사하다	2급
叫	jiào	동	부르다	1급
已经	yǐjīng	부	이미, 벌써	2급

본문

Track 4

大卫: 听说学校有很多社团，我们一起报名参加吧。
Tīngshuō xuéxiào yǒu hěn duō shètuán, wǒmen yìqǐ bàomíng cānjiā ba.

维真: 好的。都有哪些社团？
Hǎo de. Dōu yǒu nǎxiē shètuán?

大卫: 羽毛球社、舞蹈社、书法社、摄影剪辑社等等。
Yǔmáoqiú shè、wǔdǎo shè、shūfǎ shè、shèyǐng jiǎnjí shè děngděng.

你对什么感兴趣？
Nǐ duì shénme gǎn xìngqù?

维真: 摄影很受欢迎。我们一起报名参加摄影剪辑社吧。
Shèyǐng hěn shòu huānyíng. Wǒmen yìqǐ bàomíng cānjiā shèyǐng jiǎnjí shè ba.

大卫: 真可惜，我现在上网查了查，摄影剪辑社已经报完名*了。
Zhēn kěxī, wǒ xiànzài shàngwǎng chá le chá，shèyǐng jiǎnjí shè yǐjīng bào wán míng le.

维真: 那我们报名参加羽毛球社，怎么样？
Nà wǒmen bàomíng cānjiā yǔmáoqiú shè， zěnmeyàng?

大卫: 好啊。山田也喜欢运动，我们叫上他
Hǎo a. Shāntián yě xǐhuan yùndòng，wǒmen jiào shàng tā

一起报名？
yìqǐ bàomíng?

维真: 好主意。现在就给他发微信。
Hǎo zhǔyi. Xiànzài jiù gěi tā fā wēixìn.

TIP

* 중국어 단어 중에는 '报名'처럼 겉으로 보기에는 하나의 동사지만 실제 내부구조는 '동사+명사'의 형태로 이루어진 이합사(离合词)가 존재합니다. 이런 유형의 단어가 결과보어나 동태조사와 결합할 때는 위 회화에 나오는 '报完名'이나 혹은 '报了名'처럼 반드시 동사 뒤에 놓여야 합니다.

NEW 점프! 대학중국어

단문연습

Track 5

马上就要开学了。维真这学期选了四门课，可是她的室友还没开始选。她告诉室友这个星期五选课就要结束了，要赶紧选。过了几天，学校开学了，维真在校园里见到了大卫。大卫告诉她学校里有很多社团：羽毛球社、书法社、摄影剪辑社等等，还建议她一起报名参加。刚开始他们打算报名参加摄影剪辑社，但查了查后发现，摄影剪辑社已经报完名了，所以他们只好报名参加羽毛球社。山田也喜欢运动，所以维真给他发微信，叫上他一起报名。

- 可是 kěshì 접 그러나, 하지만 2급
- 开始 kāishǐ 동 시작하다 3급
- 建议 jiànyì 명 동 건의(하다), 제안(하다) 3급
- 但 dàn 접 그러나, 그렇지만 2급
- 所以 suǒyǐ 접 그래서 2급

Mǎshàng jiù yào kāixué le. Wéizhēn zhè xuéqī xuǎn le sì mén kè, kěshì tā de shìyǒu hái méi kāishǐ xuǎn. Tā gàosu shìyǒu zhè ge xīngqīwǔ xuǎn kè jiù yào jiéshù le, yào gǎnjǐn xuǎn. Guò le jǐ tiān, xuéxiào kāixué le, Wéizhēn zài xiàoyuán lǐ jiàndào le Dàwèi. Dàwèi gàosu tā xuéxiào lǐ yǒu hěn duō shètuán: yǔmáoqiú shè、shūfǎ shè、shèyǐng jiǎnjí shè děngděng, hái jiànyì tā yìqǐ bàomíng cānjiā. Gāng kāishǐ tāmen dǎsuàn bàomíng cānjiā shèyǐng jiǎnjí shè, dàn chá le chá hòu fāxiàn, shèyǐng jiǎnjí shè yǐjīng bào wán míng le, suǒyǐ tāmen zhǐhǎo bàomíng cānjiā yǔmáoqiú shè. Shāntián yě xǐhuan yùndòng, suǒyǐ Wéizhēn gěi tā fā wēixìn, jiào shàng tā yìqǐ bàomíng.

교체연습

报告 bàogào	명 동	보고(하다)	3급
钱包 qiánbāo	명	지갑	1급

01 我刚 选完 课。

报完 名
写好 报告
找到 钱包

02 A: 你 选 了几 门 课? B: 我 选 了 四 门 课。

A			B			
买	本	书	买	一	本	书
喝	杯	咖啡	喝	两	杯	咖啡
交	个	中国朋友	交	三	个	中国朋友

做饭 zuòfàn	동	요리하다	2급
准备 zhǔnbèi	동	준비하다	1급
考试 kǎoshì	명 동	시험 (보다)	1급

03 她还没开始 选课。

上课
做饭
准备考试

NEW 점프! 대학중국어

어법 포인트

1 결과보어

▪ 술어 뒤에 쓰여 동작이나 상태의 결과를 설명해 주는 보어로, 주로 동사나 형용사가 그 역할을 담당한다.

摄影剪辑社已经报完名了。	‖	饭做好了。
他听懂了你的话。	‖	我坐错了车，现在才到。
(결과보어가 동사인 경우)		(결과보어가 형용사인 경우)

바로 확인하기

괄호 안에 알맞은 결과보어를 넣어 보세요.

① 对不起，我打（　　）了。　죄송합니다. 잘못 걸었습니다.

② 他做（　　）作业了。　그는 과제를 다 했다.

懂 dǒng	동 알다, 이해하다	2급
坐车 zuò chē	차를 타다	
错 cuò	형 틀리다	1급
才 cái	부 겨우, ~에서야	2급

2 동태조사 '了'

▪ '了'는 동작의 상태를 나타내는 조사 중 하나로, 동사 뒤에 쓰여 동작의 완료(실현)을 나타낸다.

这学期你选了几门课?

昨天我买了三本书。

▪ '了'가 나타내는 동작의 완료는 주로 과거시제에 사용되지만, 미래시제에도 사용할 수 있다.

明天下了课就去找你。

我们吃了饭再走吧。

바로 확인하기

괄호 안의 단어를 이용하여 동태조사 '了'가 포함된 문장을 완성하세요.

① 我 ________________ （选， 五门， 课）

② 他们 ________________ （看， 一部， 电影）

3 부정부사 '没(有)'

- 사건이나 동작이 발생하지 않았거나 완료되지 않았을 때 부정부사 '不' 대신 '没(有)'를 사용해서 부정을 나타낸다.

a. 결과보어의 부정

饭没做好。

他没听懂你的话。

话 huà 명 말 1급

b. 동태조사 '了'가 포함된 문장의 부정('了'는 반드시 생략)

昨天他去了天安门。 ‖ 昨天他没（有）去天安门。

(긍정) (부정)

c. 동작의 진행을 나타내는 '在'가 포함된 문장의 부정

她在看电视。 ‖ 她没在看电视。

(긍정) (부정)

바로 확인하기

다음 문장을 부정문으로 바꿔 보세요.

① 上个星期她看完了那本书。 → ________________

② 我喝了一杯咖啡。 → ________________

③ 他们在挑衣服。 → ________________

연습문제

Track 6

1 녹음과 일치하는 문장에 ○, 일치하지 않는 문장에 ×를 표시하세요.

① 学校有羽毛球社、舞蹈社、书法社、摄影剪辑社等等。（　　）

② 摄影剪辑社很受欢迎。（　　）

③ 大卫上网查了查后发现摄影剪辑社已经报完名了。（　　）

> 游泳 yóuyǒng 명 동 수영(하다) 3급

2 녹음을 듣고 질문에 알맞은 대답을 고르세요.

① A: 四门　B: 三门　C: 五门

② A: 语法　B: 写作　C: 文化

③ A: 这个星期五　B: 这个星期四　C: 这个星期三

> 语法 yǔfǎ 명 어법 4급
>
> 文化 wénhuà 명 문화 3급

3 본문을 참고하여 질문에 대답해 보세요.

① 维真在忙什么呢?

② 他们选课什么时候结束?

③ 学校都有哪些社团?

④ 摄影剪辑社已经报完名了, 他们怎么办?

핵심문장

- 这学期你选了几门课?
- 你对什么感兴趣?
- 摄影很受欢迎。
- 摄影剪辑社已经报完名了。
- 她的室友还没开始选课。

2

你是从哪个国家来的?

회화 1

제2과 | 你是从哪个国家来的?

새단어

Track 7

新 xīn	형 새롭다 1급
同学 tóngxué	명 동창 1급
伊莉莎 Yīlìshā	고명 엘리사(Elisa)
哇 wā	감 아! 와! 어머! (뜻밖의 놀람을 나타냄)
国家 guójiā	명 국가, 나라 1급
乌干达 Wūgāndá	고명 우간다
知道 zhīdào	동 알다 1급
电视剧 diànshìjù	명 드라마 3급
非常 fēicháng	부 대단히 1급
长 zhǎng	동 생기다, 자라다 2급
得 de	조 동사나 형용사 뒤에 쓰여, 결과나 정도를 나타내는 보어를 연결시키는 역할을 함 2급
像 xiàng	동 닮다 2급
演员 yǎnyuán	명 배우, 연기자 3급
没想到 méi xiǎngdào	생각지 못하다, 뜻밖이다 4급
韩剧 hánjù	명 한국 드라마를 줄인 말
不少 bù shǎo	적지 않다, 많다 2급
非洲 Fēizhōu	고명 아프리카 주

본문

Track 8

维真: 你好! 我是金维真。你是新同学吧?
Nǐ hǎo! Wǒ shì Jīn Wéizhēn. Nǐ shì xīn tóngxué ba?

伊莉莎: 你好! 我是这个学期新来的, 叫伊莉莎。
Nǐ hǎo! Wǒ shì zhè ge xuéqī xīn lái de, jiào Yīlìshā.

维真: 哇, 你汉语说得真不错。你是从哪个国家来的?
Wā, nǐ Hànyǔ shuō de zhēn búcuò. Nǐ shì cóng nǎ ge guójiā lái de?

伊莉莎: 我是从乌干达来的。你是韩国人吧?
Wǒ shì cóng Wūgāndá lái de. Nǐ shì Hánguó rén ba?

维真: 你怎么知道的?
Nǐ zěnme zhīdào de?

伊莉莎: 我对韩国电视剧非常感兴趣, 你长得跟电视剧里的演员很像。
Wǒ duì Hánguó diànshìjù fēicháng gǎn xìngqù, nǐ zhǎng de gēn diànshìjù lǐ de yǎnyuán hěn xiàng.

维真: 真没想到你也喜欢看韩剧。
Zhēn méi xiǎngdào nǐ yě xǐhuan kàn hánjù.

伊莉莎: 最近不少非洲人都在网上看韩剧。
Zuìjìn bù shǎo Fēizhōu rén dōu zài wǎngshàng kàn hánjù.

회화 2

제2과 | 你是从哪个国家来的?

새단어 Track 9

단어	병음	품사	뜻	급수
帮忙	bāngmáng	동	돕다(도움을 주다)	1급
事	shì	명	일	1급
开通	kāitōng	동	개통하다	6급
办	bàn	동	(일 따위를) 하다, 처리하다	2급
张	zhāng	양	장(종이·책상·침대 따위의 넓은 표면을 가진 것을 세는 단위)	3급
卡	kǎ	명	카드	2급
陪	péi	동	모시다, 동반하다	5급
忘	wàng	동	잊다	1급
带	dài	동	(몸에) 지니다, 휴대하다	2급
护照	hùzhào	명	여권	2급
营业厅	yíngyètīng	명	영업점	
店员	diànyuán	명	점원	
光临	guānglín	동	왕림하다	4급
出示	chūshì	동	제시하다	7~9급
证件	zhèngjiàn	명	증서, 증명서	3급
申请表	shēnqǐngbiǎo	명	신청서	
填	tián	동	채우다, 기입하다	4급
一般	yìbān	형	보통이다, 일반적이다	2급
选择	xuǎnzé	명 동	선택(하다)	4급
种	zhǒng	양	종, 종류	3급
支付	zhīfù	동	지불하다, 지급하다	3급
方式	fāngshì	명	방식, 방법	3급
使用	shǐyòng	동	사용하다	2급
先生	xiānsheng	명	선생, 씨(성인 남자에 대한 존칭)	1급
这样	zhèyàng	대	이러하다, 이렇게	2급
问题	wèntí	명	문제, 질문	2급
办理	bànlǐ	동	처리하다	3급

본문

Track 10

伊莉莎: 维真，你能帮我个忙吗?
Wéizhēn, nǐ néng bāng wǒ ge máng ma?

维真: 当然可以。什么事儿?
Dāngrán kěyǐ. Shénme shìr?

伊莉莎: 我还没有手机，也不知道怎么开通。
Wǒ hái méiyǒu shǒujī, yě bù zhīdào zěnme kāitōng.

维真: 是吗? 你要先买一个手机，再办张手机卡。下午我陪你去吧。
Shì ma? Nǐ yào xiān mǎi yí ge shǒujī, zài bàn zhāng shǒujī kǎ. Xiàwǔ wǒ péi nǐ qù ba.

对了，别忘了带上护照。
Duì le, bié wàng le dài shàng hùzhào.

(在营业厅)

店员: 欢迎光临!
Huānyíng guānglín!

伊莉莎: 你好! 我要开通手机。
Nǐ hǎo! Wǒ yào kāitōng shǒujī.

店员: 请出示一下证件。这是申请表，您填一下。
Qǐng chūshì yíxià zhèngjiàn. Zhè shì shēnqǐngbiǎo, nín tián yíxià.

伊莉莎: 维真，你们一般选择哪种支付方式?
Wéizhēn, nǐmen yìbān xuǎnzé nǎ zhǒng zhīfù fāngshì?

维真: 大家一般使用微信支付。
Dàjiā yìbān shǐyòng wēixìn zhīfù.

伊莉莎: 那我也用微信支付吧。
Nà wǒ yě yòng wēixìn zhīfù ba.

先生，我都填好了。您看这样行吗?
Xiānsheng, wǒ dōu tián hǎo le. Nín kàn zhèyàng xíng ma?

店员: 没问题，这样就行了。我这就给您办理。
Méi wèntí, zhèyàng jiù xíng le. Wǒ zhè jiù gěi nín bànlǐ.

NEW 점프! 대학중국어

단문연습

Track 11

伊莉莎是乌干达人，这个学期新来的，不过，汉语说得很不错。她喜欢看韩国电视剧，所以开学第一天她一眼就看出了维真是韩国人。伊莉莎现在还没有手机，也不知道怎么开通，她问维真能不能帮助她。维真说下午先陪她去买个手机，再一起去办手机卡。维真还告诉她不要忘了带护照，办理手机开通业务的时候要用。下午她们来到营业厅，伊莉莎填申请表时选择了大家一般使用的微信支付方式。

第一天 dì yī tiān 첫날	一眼 yìyǎn 한눈에 7~9급	看出 kànchū 동 알아차리다 5급
帮助 bāngzhù 명 동 도움, 돕다 2급	业务 yèwù 명 업무 5급	

Yīlìshā shì Wūgāndá rén, zhè ge xuéqī xīn lái de, búguò, Hànyǔ shuō de hěn búcuò. Tā xǐhuan kàn Hánguó diànshìjù, suǒyǐ kāixué dì yī tiān tā yìyǎn jiù kànchū le Wéizhēn shì Hánguó rén. Yīlìshā xiànzài hái méiyǒu shǒujī, yě bù zhīdào zěnme kāitōng, tā wèn Wéizhēn néng bu néng bāngzhù tā. Wéizhēn shuō xiàwǔ xiān péi tā qù mǎi ge shǒujī, zài yìqǐ qù bàn shǒujī kǎ. Wéizhēn hái gàosu tā bú yào wàng le dài hùzhào, bànlǐ shǒujī kāitōng yèwù de shíhou yào yòng. Xiàwǔ tāmen láidào yíngyètīng, Yīlìshā tián shēnqǐngbiǎo shí xuǎnzé le dàjiā yìbān shǐyòng de wēixìn zhīfù fāngshì.

교체연습

01

A: 你是 (从哪儿来) 的？ B: 我是 (从乌干达来) 的。

A	B
什么时候到	昨天到
怎么去	坐飞机去
跟谁一起看	一个人看

02

A: 他 (说) 得怎么样？ B: 他 (说) 得 (真不错)。

A	B	
写	写	很好看
唱	唱	非常好
跑	跑	太快了

写 xiě 동 (글씨, 글) 쓰다 1급

跑 pǎo 동 달리다 1급

03

你要先 (买个手机)，再 (办张手机卡)。

洗手	吃饭
做作业	出去玩儿
给他发个微信	去找他

洗 xǐ 동 씻다 1급

出去 chūqù 동 나가다 1급

NEW 점프! 대학중국어

어법 포인트

1 '是~的'문

- 이미 발생한 동작의 배경이 되는 시간, 장소, 방식, 행위자 등을 강조하여 표현할 때 쓰이는 구문이다. 강조하고 싶은 부분을 '是~的' 사이에 넣으면 된다.

  我是这个学期新来的。(시간)
  我是从韩国来的。(장소)
  她是坐车去的。(방식)
  是小李送给我的。(행위자)

- 긍정형일 때는 '是'가 자주 생략되지만, 부정형일 때는 반드시 '不是~的' 형식을 써야 한다.

  我是从韩国来的。 → 我(是)从韩国来的。(긍정)
  我不是从韩国来的。(부정)
  她是坐车去的。 → 她(是)坐车去的。(긍정)
  她不是坐车去的。(부정)

- 목적어가 인칭대명사가 아닐 때는 '的'의 앞과 뒤에 다 올 수 있다. 단, 목적어가 인칭대명사인 경우에는 반드시 '的' 앞에 와야 한다.

  弟弟是昨天去北京的。 → 弟弟是昨天去的北京。
  是他找你的。 → 是他找的你。(×)

바로 확인하기

우리말로 된 부분을 중국어로 바꿔 보세요.

① 他是 ________________ (언제) 来的?

② 那个蓝牙耳机是 ________________ (인터넷에서) 买的。

③ 这本书是 ________________ (내 친구가) 送的。

④ 我是 ________________ (차를 타고) 去的首尔。

2 정도보어

- 술어가 도달한 정도나 상태를 설명하는 보어로, 술어는 동사나 형용사가 담당하고 술어 뒤에는 조사 '得'가 놓인다. 기본 어순은 [주어+술어得+정도보어]이다.

  他做得很好。

  你说得真好。

- 목적어가 출현하면 다음 두 가지의 어순을 지닌다.

a. 주어+술어+목적어+술어得+정도보어

  他做作业做得很好。

  你说汉语说得真好。

b. 주어+목적어+술어得+정도보어

  他作业做得很好。

  你汉语说得真好。

- 부정문은 정도보어를 부정형식으로 바꾸면 된다.

  他作业做得<u>不好</u>。

  你汉语说得<u>不好</u>。

- 의문문은 다음 세 가지 형식으로 만들 수 있다.

  你汉语说得好吗?

  你汉语说得好不好?

  你汉语说得怎么样?

바로 확인하기

어순에 맞게 배열하여 문장을 완성하세요.

① 汉字/得/很/写/她/好 → ______________________

② 弟弟/球/打/得/不错/打 → ______________________

③ 英语/得/说/我/好/不 → ______________________

3 '先~ , 再~'

- '먼저 ~하고 다시 ~한다'는 의미로, 일의 발생순서를 나타낸다. '先~ , 然后~' 구문과 용법이 유사하다.

  你要先买一个手机，再办张手机卡。

  我们先打个电话再去。

바로 확인하기

괄호 안의 단어를 이용해서 제시된 우리말을 중국어로 바꿔 보세요.

① 우리 먼저 식사하고 나서 옷 사러 가자. (吃饭，买，衣服)

→ ______________________________

② 나는 먼저 도서관에 갔다가 집에 돌아갈 생각이야.(打算，图书馆，回家)

→ ______________________________

연습문제

Track 12

1 녹음과 일치하는 문장에 ○, 일치하지 않는 문장에 ×를 표시하세요.

① 伊莉莎刚来中国，没有手机，也不知道怎么开通。（ ）

② 开通手机需要证件和申请表。（ ）

③ 大家一般使用微信支付。（ ）

移动支付 yídòng zhīfù 명 모바일결제

2 녹음을 듣고 질문에 알맞은 대답을 고르세요.

① A: 说得不怎么样	B: 说得真不错	C: 说得一般
② A: 从韩国来的	B: 从卢旺达来的	C: 从乌干达来的
③ A: 韩国电视剧	B: 韩国音乐	C: 韩国电影

卢旺达 Lúwàngdá 고명 르완다

3 본문을 참고하여 질문에 대답해 보세요.

① 伊莉莎是从哪个国家来的? 她汉语说得怎么样?

② 伊莉莎是怎么知道维真是韩国人的?

③ 手机怎么开通?

④ 大家一般选择哪种支付方式?

핵심문장

- 你汉语说得真不错。
- 你是从哪个国家来的？
- 真没想到你也喜欢看韩剧。
- 你能帮我个忙吗？
- 你要先买一个手机，再办张手机卡。

3

我们这儿扫码点餐。

회화 1

제3과 | 我们这儿扫码点餐。

새단어 Track 13

请 qǐng	동 요청하다, 부탁하다 1급
这边 zhèbiān	대 여기, 이쪽 1급
坐 zuò	동 앉다, 타다 1급
菜单 càidān	명 메뉴 2급
这儿 zhèr	대 여기, 이곳 1급
扫码 sǎomǎ	(QR코드 등을) 스캔하다
点餐 diǎncān	음식을 주문하다
二维码 èrwéimǎ	명 QR코드
试 shì	동 시험 삼아 해 보다, 시도하다 1급
上面 shàngmiàn	명 위, 위쪽 3급
下单 xiàdān	주문하다, 주문서를 보내다
慢慢 mànmàn	부 천천히, 차츰 3급
事情 shìqing	명 일, 업무 2급
随时 suíshí	부 수시로, 언제나 2급
从来 cónglái	부 지금까지, 여태껏 3급
过 guo	조 동사 뒤에 놓여 과거의 경험을 나타냄 2급
习惯 xíguàn	명 동 습관(이 되다), 익숙해지다 2급
哈哈 hāhā	의성 하하(웃음소리) 3급

본문

Track 14

服务员: 欢迎光临! 您几位?
Huānyíng guānglín! Nín jǐ wèi?

大卫: 两位。
Liǎng wèi.

服务员: 请跟我来。二位这边坐。
Qǐng gēn wǒ lái. Èr wèi zhèbiān zuò.

大卫: 有菜单吗?
Yǒu càidān ma?

服务员: 我们这儿扫码点餐，您可以用手机扫一下这个二维码。
Wǒmen zhèr sǎomǎ diǎncān, nín kěyǐ yòng shǒujī sǎo yíxià zhè ge èrwéimǎ.

大卫: 我先试一下。这样可以吗?
Wǒ xiān shì yíxià. Zhèyàng kěyǐ ma?

服务员: 是的，是的。您二位想吃什么在上面下单就可以了。
Shì de, shì de. Nín èr wèi xiǎng chī shénme zài shàngmiàn xiàdān jiù kěyǐ le.
你们慢慢选，有什么事情随时叫我。
Nǐmen mànmàn xuǎn, yǒu shénme shìqing suíshí jiào wǒ.

大卫: 谢谢。我从来没扫码点过餐，有点儿不习惯。哈哈……
Xièxie. Wǒ cónglái méi sǎomǎ diǎn guo cān, yǒudiǎnr bù xíguàn. Hāhā……

NEW 점프! 대학중국어

회화 2

제3과 | 我们这儿扫码点餐。

새단어

Track 15

俩 liǎ	두 개, 두 사람 4급
量 liàng	명 양
招牌菜 zhāopáicài	명 대표 요리
辣子鸡 làzijī	명 라조기
肯定 kěndìng	형 틀림없다 5급
锅包肉 guōbāoròu	명 꿔바로우
荤菜 hūncài	명 고기 요리
西红柿炒鸡蛋 xīhóngshì chǎo jīdàn	명 토마토 달걀 볶음
主食 zhǔshí	명 주식 7~9급
碗 wǎn	양 (그릇, 공기, 사발 따위) 공기 2급
米饭 mǐfàn	명 쌀밥 1급

본문

Track 16

大卫: 山田，看看菜单，你想吃点儿什么？
Shāntián，kànkan càidān， nǐ xiǎng chī diǎnr shénme?

山田: 我们俩点四个菜，怎么样？
Wǒmen liǎ diǎn sì ge cài， zěnmeyàng?

大卫: 听说这儿的菜量很大，四个菜有点儿多。
Tīngshuō zhèr de cài liàng hěn dà， sì ge cài yǒudiǎnr duō.

我们先点三个吧，不够再点。
Wǒmen xiān diǎn sān ge ba， bú gòu zài diǎn.

山田: 好吧。你看，这儿的招牌菜是辣子鸡。我们尝尝吧，肯定很好吃。
Hǎo ba. Nǐ kàn， zhèr de zhāopáicài shì làzijī. Wǒmen chángchang ba, kěndìng hěn hǎochī.

大卫: 好，我还想吃锅包肉，你觉得怎么样？
Hǎo，wǒ hái xiǎng chī guōbāoròu， nǐ juéde zěnmeyàng?

山田: 行。我们点了两个荤菜，再来个西红柿炒鸡蛋就行了。
Xíng. Wǒmen diǎn le liǎng ge hūncài， zài lái ge xīhóngshì chǎo jīdàn jiù xíng le.

大卫: 那我们主食吃什么？
Nà wǒmen zhǔshí chī shénme?

山田: 两碗米饭。够了吧？
Liǎng wǎn mǐfàn. Gòu le ba?

大卫: 够了。就点这些吧。
Gòu le. Jiù diǎn zhèxiē ba.

NEW 점프! 대학중국어

단문연습

Track 17

大卫和山田来到饭店。大卫问服务员有没有菜单，服务员说他们这儿扫码点餐，用手机一扫饭店的二维码就可以看到菜单，想吃什么在上面直接下单。大卫说他从来没扫码点过餐，有点儿不习惯。他们打开菜单看了看，山田建议两个人点四个菜，但大卫听说这儿的菜量很大，所以他们决定先点三个：辣子鸡、锅包肉和西红柿炒鸡蛋，两荤一素。最后主食点了两碗米饭。

直接 zhíjiē	형 직접적(인) 2급	打开 dǎkāi	동 열다 1급
素 sù	명 채소 요리 7~9급	最后 zuìhòu	명 최후, 맨 마지막 1급

Dàwèi hé Shāntián láidào fàndiàn. Dàwèi wèn fúwùyuán yǒu méiyǒu càidān, fúwùyuán shuō tāmen zhèr sǎomǎ diǎncān, yòng shǒujī yì sǎo fàndiàn de èrwéimǎ jiù kěyǐ kàndào càidān, xiǎng chī shénme zài shàngmiàn zhíjiē xiàdān. Dàwèi shuō tā cónglái méi sǎomǎ diǎn guo cān, yǒudiǎnr bù xíguàn. Tāmen dǎkāi càidān kàn le kàn, Shāntián jiànyì liǎng ge rén diǎn sì ge cài, dàn Dàwèi tīngshuō zhèr de cài liàng hěn dà, suǒyǐ tāmen juédìng xiān diǎn sān ge: làzijī、guōbāoròu hé xīhóngshì chǎo jīdàn, liǎng hūn yí sù. Zuìhòu zhǔshí diǎn le liǎng wǎn mǐfàn.

교체연습

01 (刚来中国)， 有点儿 (不习惯)。

那本书太专业了	不好懂
没吃早饭	饿
最近作业很多	忙

专业 zhuānyè 형 전문의, 전문적인 3급

02 我从来没 (扫码点过) (餐)。

吃过	北京烤鸭
用过	微信
上过	百度

百度 Bǎidù 고명 바이두(중국 포털사이트)

03 他一 (吃完饭) 就 (走了)。

听	知道了
毕业	找到工作了
看手机	忘了吃饭

毕业 bìyè 동 졸업하다 4급

어법 포인트

1 '有点儿'과 '(一)点儿'

- 有点儿: 형용사 앞에 쓰여 정도가 심하지 않음을 나타내며 주로 불만스러운 상황에 쓰인다.

  我有点儿不习惯。

  今天我有点儿累。

- (一)点儿

a. (一)点儿+명사: 명사 앞에서 수량사 역할을 하며 명사의 양이 '조금'임을 나타낸다.

  你想吃(一)点儿什么?

  我今天买了(一)点儿苹果。

b. 형용사+(一)点儿: 어떤 사물, 상황 혹은 일반적인 기준과의 비교를 통해 '좀 ~하다'는 의미를 나타낼 때 쓰인다. 명령문이나 청유문에 자주 쓰인다.

  便宜(一)点儿吧。

  我要大(一)点儿的。

바로 확인하기

괄호 안에 '一点儿'이나 '有点儿' 중 알맞은 것을 넣어 보세요.

① 这件衣服（　　　）大，有小（　　　）的吗?

② 今天（　　　）冷。

③ 请您说慢（　　　）。

慢 màn 형 느리다 1급

2 동태조사 '过'

- '了'와 마찬가지로 동작의 상태를 나타내는 조사로 동사 뒤에 쓰이며, 의미는 '~을 해 본 적이 있다'이고 과거의 경험을 나타낸다. 부정형은 [没(有)+동사+过]이다.

我吃过中国菜。	‖	我没吃过中国菜。
他学过汉语。	‖	他没学过汉语。
(긍정)		(부정)

바로 확인하기

다음 문장을 부정문으로 바꿔 보세요.

① 我见过他的汉语老师。 → ____________________

② 弟弟去过日本。 → ____________________

③ 他来过我家。 → ____________________

3 '好'+동사

- '好' 뒤에 '吃', '喝', '看', '闻', '听' 등과 같이 맛, 모양, 냄새, 소리를 나타내는 동사가 놓이면 '好'는 '~하기 좋다'는 의미로, 어떤 대상에 대해 만족함을 나타낸다. 부정형은 [不好+동사]나 [难+동사]이다.

他的歌很好听。	‖	他的歌不好听。/ 他的歌很难听。
那种咖啡很好喝。	‖	那种咖啡不好喝。/ 那种咖啡很难喝。
(긍정)		(부정)

- '好'는 오감과 관련 없는 동사 앞에 놓일 때는 '~하기 쉽다'는 의미를 나타낸다. 부정형은 [不好+동사]나 [难+동사]로 동일하다.

这首歌很好唱。	‖	这首歌不好唱。/ 这首歌很难唱。
这个菜很好做。	‖	这个菜不好做。/ 这个菜很难做。
(긍정)		(부정)

바로 확인하기

다음 문장을 부정문으로 바꿔 보세요.

① 他穿的衣服很好看。 → ____________________

② 中国歌真好听。 → ____________________

③ 现在机票好买。 → ____________________

机票 jīpiào 명 비행기표 1급

4 '一~就~'

- '~하자마자 바로 ~하다'는 의미로, 앞뒤 두 동작이 연이어 발생함을 나타낸다.

  用手机一扫饭店的二维码就可以看到菜单。

  他一吃完饭就走了。

- 때때로 '~하기만 하면 ~하다'는 의미로 쓰여 앞뒤 절이 '조건과 결과'의 의미를 나타내기도 한다.

  我一看电视就忘了吃饭。

  他一喝酒就脸红。

바로 확인하기

'一'나 '就'가 들어갈 곳에 ✓표시를 하세요.

① 他□一□下课□回家□了。

② 爸爸□有□空儿□就□看书。

空儿 kòngr 명 짬, 겨를 3급

연습문제

Track 18

1 녹음과 일치하는 문장에 ○, 일치하지 않는 문장에 ×를 표시하세요.

① 这家餐厅扫码点餐，用手机扫二维码就可以了。（ ）

② 大卫以前扫码点过餐。（ ）

③ 客人想吃什么在上面下单就可以了。（ ）

2 녹음을 듣고 질문에 알맞은 대답을 고르세요.

① A: 四个菜　B: 三个菜　C: 两个菜

② A: 辣子鸡　B: 锅包肉　C: 西红柿炒鸡蛋

③ A: 米饭　B: 饺子　C: 炒饭

饺子 jiǎozi 명 교자만두 2급

炒饭 chǎofàn 명 볶음밥

3 본문을 참고하여 질문에 대답해 보세요.

① 他们去的那家餐厅怎么点菜?

② 大卫不太习惯什么? 为什么?

③ 他们点了什么菜? 主食吃什么?

④ 这家餐厅的招牌菜是什么?

핵심문장

- 我从来没扫码点过餐，有点儿不习惯。
- 我们尝尝吧，肯定很好吃。
- 听说这儿的菜量很大，四个菜有点儿多。
- 我们点了两个荤菜，再来个西红柿炒鸡蛋就行了。
- 用手机一扫饭店的二维码就可以看到菜单。

4

这次端午节过得很有意义。

NEW 점프! 대학중국어

회화 1

제4과 | 这次端午节过得很有意义。

새단어 Track 19

단어	병음	품사	뜻	급수
端午节	Duānwǔjié	고명	단오절	6급
休息	xiūxi	동	휴식하다	1급
留学生	liúxuéshēng	명	유학생	2급
群	qún	명	무리	
组织	zǔzhī	명 동	조직(하다)	2급
活动	huódòng	명 동	활동(하다)	2급
长城	Chángchéng	고명	만리장성	3급
一日游	yírìyóu		원데이 투어	
包	bāo	동	싸다	1급
粽子	zòngzi	명	쫑즈	7~9급
正好	zhènghǎo	부	마침, 때마침	2급
散心	sànxīn	동	기분 전환을 하다	
正宗	zhèngzōng	명 형	정통(의)	7~9급
国际部	guójìbù	명	국제부	
会	huì	조동	~할 것이다(가능이나 실현을 나타냄)	1급
每	měi	대	매, ~마다	3급
点击	diǎnjī	동	클릭하다	
链接	liànjiē	명	링크	

본문

Track 20

维真: 端午节休息三天，我们怎么过好呢？
Duānwǔjié xiūxi sān tiān, wǒmen zěnme guò hǎo ne?

山田: 留学生群里说端午节学校组织几个活动。
Liúxuéshēng qún lǐ shuō Duānwǔjié xuéxiào zǔzhī jǐ ge huódòng.

维真: 都有哪些活动？
Dōu yǒu nǎxiē huódòng?

山田: 长城一日游和包粽子。
Chángchéng yírìyóu hé bāo zòngzi.

维真: 那我们一起报名参加吧。我们选哪个好？
Nà wǒmen yìqǐ bàomíng cānjiā ba. Wǒmen xuǎn nǎ ge hǎo?

大卫: 我正好想出去散散心呢。我们还是去长城吧。
Wǒ zhènghǎo xiǎng chūqù sànsan xīn ne. Wǒmen háishi qù Chángchéng ba.

维真: 不过，我也想尝尝正宗的中国粽子。
Búguò, wǒ yě xiǎng chángchang zhèngzōng de Zhōngguó zòngzi.

山田: 没问题。端午节那天学校国际部会给每个留学生发一个粽子。
Méi wèntí. Duānwǔjié nàtiān xuéxiào guójìbù huì gěi měi ge liúxuéshēng fā yí ge zòngzi.

大卫: 那就好。去长城怎么报名呢？
Nà jiù hǎo. Qù Chángchéng zěnme bàomíng ne?

山田: 直接点击群里的链接就可以了。
Zhíjiē diǎnjī qún lǐ de liànjiē jiù kěyǐ le.

회화 2

제4과 | 这次端午节过得很有意义。

새단어

Track 21

爬 pá	동 올라가다 2급
不到长城非好汉 bú dào Chángchéng fēi hǎohàn	만리장성에 이르지 못하면 대장부가 아니다
终于 zhōngyú	부 마침내, 결국 3급
明白 míngbai	동 이해하다, 알다 1급
这么 zhème	대 이렇게, 이러한 2급
壮观 zhuàngguān	형 장관이다 6급
意义 yìyì	명 의미, 가치 3급
除了~(以外) chúle ~(yǐwài)	~외에 또, ~을 제외하고
传统 chuántǒng	명 전통 4급
节日 jiérì	명 명절, 기념일 2급
春节 Chūnjié	고명 춘절, 음력설 2급
元宵节 Yuánxiāojié	고명 정월대보름 7~9급
中秋节 Zhōngqiūjié	고명 추석, 한가위 5급
什么的 shénmede	등등
热闹 rènao	형 시끌벅적하다 4급
欢聚一堂 huān jù yì táng	성 즐겁게 한자리에 모이다
期待 qīdài	동 기대하다 4급
明年 míngnián	명 내년 1급
哎呀 āiyā	감 어머, 아이구(놀라움·원망·불만·아쉬움 따위를 나타냄) 7~9급
别人 biérén	대 다른 사람 1급
剩下 shèngxia	남다, 남기다 5급
该 gāi	조동 ~해야 하다 2급
出发 chūfā	동 출발하다 2급

본문

Track 22

(爬完长城后，在饭店里)

大卫: "不到长城非好汉"。我现在终于明白中国人为什么这么说了。
"Bú dào Chángchéng fēi hǎohàn". Wǒ xiànzài zhōngyú míngbai Zhōngguó rén wèishénme zhème shuō le.

山田: 是啊。没想到长城这么壮观。
Shì a. Méi xiǎngdào Chángchéng zhème zhuàngguān.

伊莉莎: 这次端午节过得很有意义。除了端午节以外，中国还有哪些传统节日？
Zhècì Duānwǔjié guò de hěn yǒu yìyì. Chúle Duānwǔjié yǐwài, Zhōngguó hái yǒu nǎxiē chuántǒng jiérì?

山田: 春节、元宵节、中秋节什么的，都很热闹。
Chūnjié、 Yuánxiāojié、 Zhōngqiūjié shénmede, dōu hěn rènao.

大卫: 对，今年春节我在中国朋友家过的，大家欢聚一堂，热热闹闹的，真有意思。
Duì, jīnnián Chūnjié wǒ zài Zhōngguó péngyou jiā guò de, dàjiā huān jù yì táng, rèrenàonào de, zhēn yǒuyìsi.

伊莉莎: 是吗？我真期待明年的春节。
Shì ma? Wǒ zhēn qīdài míngnián de Chūnjié.

大卫: 哎呀，别人都走了。就剩下我们了。
Āiyā, biérén dōu zǒu le. Jiù shèngxia wǒmen le.

山田: 我们也该出发了。赶紧上车吧。
Wǒmen yě gāi chūfā le. Gǎnjǐn shàng chē ba.

NEW 점프! 대학중국어

단문연습

Track 23

端午节休息三天，学校组织长城一日游和包粽子二选一活动。大卫正好想出去散散心，他觉得去长城更好。维真又想去长城，又想尝尝中国的粽子。山田告诉她，不用担心，端午节那天国际部会给每个留学生发粽子。所以最后他们决定一起报名去长城。很快，大家期盼的长城一日游这天到了。虽然爬了一天长城，但大家一点儿也不觉得累，都感叹长城非常壮观，觉得这次端午节过得很有意义。其实，在中国，除了端午节以外，春节、元宵节、中秋节什么的，也都很热闹。大卫今年春节是在中国朋友家过的，他说大家聚在一起，热热闹闹的，特别有意思。所以伊莉莎非常期待明年的春节。

期盼 qīpàn	명 동 기대(하다) 7~9급	虽然 suīrán	접 비록 ~지만 2급
感叹 gǎntàn	동 감탄하다 7~9급	其实 qíshí	부 실은, 사실은 3급

Duānwǔjié xiūxi sān tiān, xuéxiào zǔzhī Chángchéng yírìyóu hé bāo zòngzi èr xuǎn yī huódòng. Dàwèi zhènghǎo xiǎng chūqù sànsan xīn, tā juéde qù Chángchéng gèng hǎo. Wéizhēn yòu xiǎng qù Chángchéng, yòu xiǎng chángchang Zhōngguó de zòngzi. Shāntián gàosu tā, búyòng dānxīn, Duānwǔjié nàtiān guójìbù huì gěi měi ge liúxuéshēng fā zòngzi. Suǒyǐ zuìhòu tāmen juédìng yìqǐ bàomíng qù Chángchéng. Hěn kuài, dàjiā qīpàn de Chángchéng yírìyóu zhètiān dào le. Suīrán pá le yì tiān Chángchéng, dàn dàjiā yìdiǎnr yě bù juéde lèi, dōu gǎntàn Chángchéng fēicháng zhuàngguān, juéde zhècì Duānwǔjié guò de hěn yǒu yìyì. Qíshí, zài Zhōngguó, chúle Duānwǔjié yǐwài, Chūnjié、Yuánxiāojié、Zhōngqiūjié shénmede, yě dōu hěn rènao. Dàwèi jīnnián Chūnjié shì zài Zhōngguó péngyou jiā guò de, tā shuō dàjiā jù zài yìqǐ, rèrenàonào de, tèbié yǒuyìsi. Suǒyǐ Yīlìshā fēicháng qīdài míngnián de Chūnjié.

교체연습

01 我 学汉语学了 6个月。

在那儿工作了	5年
认识她	10年了
离开中国	两个星期了

离开 líkāi 동 떠나다 2급

02 端午节那天， 国际部 会 给学生发粽子。

朋友生日快到了	我	给她买一个礼物
别担心	明天	更好
你有什么事儿就跟我说	我	帮助你的

03 除了 端午节 以外，中国 还 有哪些传统节日？

汉语	我	还	会说英语和日语。
他	别的同学	都	报完名了。
长城	北京有名的地方	都	去过。

日语 Rìyǔ 고명 일본어 6급

别的 biéde 명 다른 (것, 사람) 1급

NEW 점프! 대학중국어

어법 포인트

1 시량보어

- 술어 뒤에 쓰여 시간의 양을 나타내는 보어이다. 술어를 담당하는 동사가 지속성을 가지면 동작이 지속되는 시간의 양을 나타내고, 지속성을 가지지 않으면 동작이 발생한 후 경과된 시간의 양을 나타낸다.

a. 동작이 지속되는 시간의 양을 나타내는 경우

端午节休息三天。
我每天睡八个小时。
我学了三年。

b. 동작 발생 후 경과된 시간의 양을 나타내는 경우

我回国五年了。
她来北京三年了。
他们结婚两个月了。

结婚 jiéhūn 동 결혼하다 3급

c. 문장 중에 동태조사 '了'와 어기조사 '了'가 동시에 출현하는 경우에는 동작이 말하는 시점까지 여전히 지속되는 상태를 나타낸다.

我学汉语学了三年了。

▪ 문장 중에 목적어가 출현할 때는 목적어의 종류에 따라 어순이 달라진다.

a. 목적어가 명사인 경우는 [주어+술어+목적어+술어+시량보어]나 [주어+술어+시량보어+(的)+목적어]가 된다.

我等车等了三个小时。 ‖ 我等了三个小时（的）车。

b. 목적어가 인칭대명사인 경우는 [주어+술어+목적어+술어+시량보어]나 [주어+술어+목적어+시량보어]가 된다.

我等他等了三个小时。 ‖ 我等了他三个小时。

바로 확인하기

어순에 맞게 배열하여 문장을 완성하세요.

① 中国/去/他/了/半个多月 → ______________________

② 坐/五个小时/车/了/我 → ______________________

③ 小王/了/学/日语/学/了/六个月 → ______________________

④ 找/他/了/三十分钟/你 → ______________________

2 조동사 '会'

▪ '할 수 있다'는 의미로, 주로 학습이나 경험을 통해 터득한 능력을 나타낸다. 부정형은 '不会'이다.

妹妹会说汉语。	‖	妹妹不会说汉语。
我会做饭。	‖	我不会做饭。
(긍정)		(부정)

- '~할 것이다', '~할 가능성이 있다'는 의미로, 미래의 추측이나 가능성을 나타낸다. 부정형은 동일하게 '不会'이다.

国际部会给学生发粽子。	‖	国际部不会给学生发粽子。
明天会下雨。	‖	明天不会下雨。
(긍정)		(부정)

바로 확인하기

조동사 '会'를 이용하여 제시된 우리말을 중국어로 바꿔 보세요.

① 나는 중국 노래를 부를 수 있어요. → 我 ______________________________ 。

② 내일 선생님께서 오실까요? → 明天老师 ______________________________ ?

③ 그는 이 책을 좋아할 거예요. → 他 ______________________________ 。

3 '除了~(以外)'

- '~ 이외에, ~를 제외하고'의 의미로, 언급한 것 이외에 또 다른 것을 추가할 때 사용하는 구문이다. '以外'는 생략할 수 있고, 뒤에는 주로 '还'나 '也'가 온다.

  除了端午节(以外)，中国还有哪些传统节日?

  除了汉语(以外)，我也会说英语。

- 언급한 것을 배제하는 상황에도 쓸 수 있다. 단, 이때는 뒤에 '都'가 온다.

  除了他(以外)，大家都来了。

  除了我(以外)，他们都喜欢看中国电影。

바로 확인하기

'除了~(以外)'를 이용하여 제시된 두 문장을 한 문장으로 만드세요.

① 他喜欢唱歌。/他哥哥喜欢唱歌。 → ______________________________

② 我没有手机。/他们都有手机。 → ______________________________

4 형용사 중첩

- 단음절 형용사 A는 AA, 이음절 형용사 AB는 AABB로 중첩되고, 상태를 묘사할 때 쓰인다.

단음절 형용사	이음절 형용사
大 → 大大 dà dàdà 好 → 好好(儿) hǎo hǎohāo(r)	干净 → 干干净净 gānjìng gānganjìngjìng 漂亮 → 漂漂亮亮 piàoliang piàopiaoliàngliàng

干净 gānjìng 형 깨끗하다, 깔끔하다 1급
漂亮 piàoliang 형 예쁘다 2급

- 중첩되면 정도가 강해지기 때문에 그 앞에 정도부사의 수식을 받을 수 없다.

大大 → 很大大（×）
干干净净 → 非常干干净净（×）

- 긍정형으로만 쓰일 뿐 부정형은 없다.

不大大（×）
不干干净净（×）

- 술어로 쓰일 때는 뒤에 '的'가 자주 온다.

他的眼睛大大的。
他的房间干干净净的。

眼睛 yǎnjing 명 눈 2급
房间 fángjiān 명 방 1급

바로 확인하기

제시된 형용사를 중첩하고 발음해 보세요.

① 高兴 → ____________　② 高 → ____________

③ 慢 → ____________　④ 清楚 → ____________

清楚 qīngchu 형 분명하다, 뚜렷하다 2급

5 '虽然~ , 但是~'

- '비록 ~지만, 그러나 ~'의 의미로, 전환 관계를 나타내는 복문을 만들 때 쓰이는 구문이다. '但是' 대신에 '可是' , '不过' 등이 올 수도 있다.

  虽然爬了一天长城，但大家一点儿也不觉得累。

  虽然他们俩都是外国人，但是汉语都说得很不错。

  虽然他才7岁，不过他的饭量跟大人一样。

바로 확인하기

제시된 단어를 알맞게 배열하여 문장을 완성하세요.

① 想/虽然/买， 但是没钱。 → ________，但是没钱。

② 虽然小王这次没努力学习，100分/了/还是/但是/得 → 虽然小王这次没努力学习，________。

③ 没/首尔/过/她/虽然/来, 但是对首尔很了解。 → ________，但是对首尔很了解。

了解 liǎojiě 동 알다, 이해하다 4급

연습문제

Track 24

1 녹음과 일치하는 문장에 ○, 일치하지 않는 문장에 ×를 표시하세요.

① 端午节休息三天。 ( )

② 学校组织长城一日游和包粽子二选一活动。 ( )

③ 端午节那天国际部会给每个留学生发粽子。 ( )

香山 Xiāngshān 고명 향산

2 녹음을 듣고 질문에 알맞은 대답을 고르세요.

① A: 元宵节 B: 端午节 C: 中秋节

② A: 春节、国庆节、中秋节 B: 元宵节、春节、劳动节 C: 春节、元宵节、中秋节

③ A: 中国朋友家 B: 中国老师家 C: 中国同学家

国庆节 Guóqìngjié 고명 건국기념일

劳动节 Láodòngjié 고명 노동절

3 본문을 참고하여 질문에 대답해 보세요.

① 这次端午节学校组织哪些活动?

② 去长城怎么报名?

③ 除了端午节以外，中国还有哪些传统节日?

④ 今年春节大卫在哪儿过的? 气氛怎么样?

气氛 qìfēn 명 분위기 6급

핵심문장

- 端午节休息三天，我们怎么过好呢？
- 端午节那天学校国际部会给每个留学生发一个粽子。
- 除了端午节以外，中国还有哪些传统节日？
- 大家欢聚一堂，热热闹闹的，真有意思。
- 虽然爬了一天长城，但大家一点儿也不觉得累。

5

下个星期就要期中考试了。

NEW 점프! 대학중국어

회화 1

제5과 | 下个星期就要期中考试了。

새단어

Track 25

期中 qīzhōng	명 학기 중간 2급
考试 kǎoshì	명 동 시험 (보다) 1급
准备 zhǔnbèi	동 준비하다 1급
别提了 bié tí le	말도 마라
开始 kāishǐ	명 동 시작(하다) 3급
怎么 zěnme	대 어떻게, 어째서 1급
前几天 qián jǐ tiān	며칠 전
把 bǎ	전 처치문에서 처리될 대상을 이끄는 역할을 함 3급
弄 nòng	동 하다(동사의 구체적 설명이 불필요하거나 곤란한 경우에 그 동사를 대신해서 씀) 2급
丢 diū	동 분실하다, 잃어버리다 5급
因为 yīnwèi	접 ~ 때문에 2급
件 jiàn	양 (옷)벌, (사건)건 2급
团团转 tuántuán zhuàn	허둥지둥하다
差不多 chàbuduō	형 거의 다 되다 2급
口语 kǒuyǔ	명 회화 4급
就是 jiùshì	부 다만, 단지 3급
有点儿 yǒudiǎnr	부 조금,약간 2급
复习 fùxí	동 복습하다 2급
对~来说 duì~lái shuō	~(어떤 사람이나 어떤 일)의 입장(관점)에서 말한다면
容易 róngyì	형 쉽다 3급
抓紧 zhuājǐn	꽉 잡다, 서두르다 4급
好好儿 hǎohāor	부 잘, 충분히 3급
加油 jiāyóu	힘을 내다 2급

본문

Track 26

维真: 下个星期就要期中考试了。你准备好了吗?
Xià ge xīngqī jiù yào qīzhōng kǎoshì le. Nǐ zhǔnbèi hǎo le ma?

伊莉莎: 别提了。还没开始呢。
Bié tí le. Hái méi kāishǐ ne.

维真: 怎么了?
Zěnme le?

伊莉莎: 前几天我把护照弄丢了。因为这件事,忙得团团转。
Qián jǐ tiān wǒ bǎ hùzhào nòng diū le. Yīnwèi zhè jiàn shì, máng de tuántuán zhuàn.
你怎么样了? 考试准备得差不多了吧?
Nǐ zěnmeyàng le? Kǎoshì zhǔnbèi de chàbuduō le ba?

维真: 听力、口语和阅读没什么问题,就是写作有点儿难,
Tīnglì、kǒuyǔ hé yuèdú méi shénme wèntí, jiùshì xiězuò yǒudiǎnr nán,
还在复习呢。
hái zài fùxí ne.

伊莉莎: 我也觉得写作很难。不过,
Wǒ yě juéde xiězuò hěn nán. Búguò,
对我来说,阅读也不容易。
duì wǒ lái shuō, yuèdú yě bù róngyì.

维真: 离考试还有一个星期,
Lí kǎoshì hái yǒu yí ge xīngqī,
我们抓紧时间好好儿复习吧。
wǒmen zhuājǐn shíjiān hǎohāor fùxí ba.

伊莉莎: 好的。一起加油吧!
Hǎo de. Yìqǐ jiāyóu ba!

새단어 Track 27

단어	병음	품사	뜻	급수
出去	chūqù	동	나가다	1급
放松	fàngsōng	동	긴장을 풀다	4급
砸	zá	동	망치다	7~9급
心情	xīnqíng	명	기분, 심정	2급
别	bié	부	~하지 마라	1급
难过	nánguò	형	괴롭다, 슬프다	2급
期末	qīmò	명	기말	4급
说实话	shuō shíhuà		솔직히 말하다	6급
吃力	chīlì	형	힘들다	5급
应该	yīnggāi	조동	마땅히 ~해야 한다	2급
辅导	fǔdǎo	동	과외하다	7~9급
费	fèi	명	비용	3급
高	gāo	형	높다	1급
网课	wǎngkè	명	인터넷 강의	
省	shěng	동	절약하다	2급
介绍	jièshào	동	소개하다	1급

본문

Track 28

维真: 终于考完了，我们出去放松放松，怎么样?
Zhōngyú kǎo wán le, wǒmen chūqù fàngsōng fàngsōng, zěnmeyàng?

伊莉莎: 我这次考试考砸了，哪儿有心情去玩儿啊?
Wǒ zhècì kǎoshì kǎo zá le, nǎr yǒu xīnqíng qù wánr a?

维真: 别难过了，还有期末考试呢。
Bié nánguò le, hái yǒu qīmò kǎoshì ne.

伊莉莎: 说实话，我觉得一个人学习太吃力了，应该找个辅导老师。
Shuō shíhuà, wǒ juéde yí ge rén xuéxí tài chīlì le, yīnggāi zhǎo ge fǔdǎo lǎoshī.

维真: 找辅导老师也不错，就是辅导费有点儿高。最近大家都很喜欢听网课。
Zhǎo fǔdǎo lǎoshī yě búcuò, jiùshì fǔdǎo fèi yǒudiǎnr gāo. Zuìjìn dàjiā dōu hěn xǐhuan tīng wǎngkè.

伊莉莎: 网课? 这个主意不错，又省时间又省钱。
Wǎngkè? Zhè ge zhǔyi búcuò, yòu shěng shíjiān yòu shěng qián.

维真: 我知道几家不错的网课，要不要介绍给你?
Wǒ zhīdào jǐ jiā búcuò de wǎngkè, yào bu yào jièshào gěi nǐ?

伊莉莎: 太好了，把链接发给我吧。
Tài hǎo le, bǎ liànjiē fā gěi wǒ ba.

NEW 점프! 대학중국어

단문연습

Track 29

下个星期就要期中考试了，维真正在复习。她觉得听力、口语和阅读没什么问题，就是写作有点儿难。伊莉莎还没开始准备，因为前几天她把护照弄丢了，最近一直很忙。但她也要抓紧时间好好儿复习。对她来说，写作很难，阅读更难。时间过得很快，一转眼，期中考试就结束了。维真想和伊莉莎出去放松放松，但伊莉莎考砸了，没有心情去玩儿。她说自己一个人学习太吃力了，想找个辅导老师。维真建议她听网课，因为找辅导老师的费用太高了。伊莉莎听了后也觉得网课不错，又省时间又省钱。

一转眼 yìzhuǎnyǎn 눈 깜짝할 사이에

Xià ge xīngqī jiù yào qīzhōng kǎoshì le, Wéizhēn zhèngzài fùxí. Tā juéde tīnglì、kǒuyǔ hé yuèdú méi shénme wèntí, jiùshì xiězuò yǒudiǎnr nán. Yīlìshā hái méi kāishǐ zhǔnbèi, yīnwèi qián jǐ tiān tā bǎ hùzhào nòng diū le, zuìjìn yìzhí hěn máng. Dàn tā yě yào zhuājǐn shíjiān hǎohāor fùxí. Duì tā lái shuō, xiězuò hěn nán, yuèdú gèng nán. Shíjiān guò de hěn kuài, yìzhuǎnyǎn, qīzhōng kǎoshì jiù jiéshù le. Wéizhēn xiǎng hé Yīlìshā chūqù fàngsōng fàngsōng, dàn Yīlìshā kǎo zá le, méiyǒu xīnqíng qù wánr. Tā shuō zìjǐ yí ge rén xuéxí tài chīlì le, xiǎng zhǎo ge fǔdǎo lǎoshī. Wéizhēn jiànyì tā tīng wǎngkè, yīnwèi zhǎo fǔdǎo lǎoshī de fèiyòng tài gāo le. Yīlìshā tīng le hòu yě juéde wǎngkè búcuò, yòu shěng shíjiān yòu shěng qián.

교체연습

花 huā	동	쓰다, 소비하다 1급
光 guāng	형	조금도 남지 않다 3급
翻译 fānyì	동	번역하다 4급
成 chéng	동	~으로 되다 2급

01 我把 (护照) (弄丢) 了。

钱	花光
链接	发到群里
那本书	翻译成汉语

02 我 (这次考试考砸了)，哪儿有 (心情) (去玩儿) 啊？

忙得团团转	时间	休息
都累成这样了	精神	陪你看电影
手头这么紧	钱	借给你

精神 jīngshen	명	원기, 활력 3급
手头 shǒutóu	명	주머니 사정 7~9급
紧 jǐn	형	(형편이) 빠듯하다 3급
借 jiè	동	빌리다 2급

03 (听网课) 又 (省时间) 又 (省钱)。

我的朋友	想吃韩国菜	想吃日本菜
他的蓝牙耳机	好看	便宜
坐飞机	快	方便

NEW 점프! 대학중국어

어법 포인트

1 '把'자문

- 전치사 '把'를 이용하여 어떤 대상의 처리 결과를 강조할 때 쓰이는 특수구문이다. 기본 어순은 [주어+把+명사(구)+술어(동사+기타성분)]이며, 명사(구)는 처리 대상에 해당하고 기타 성분은 처리 결과를 나타낸다.

  前几天我把护照弄丢了。
  他把那杯咖啡喝完了。

- '把' 뒤의 명사(구)는 일반적으로 화자와 청자가 모두 알고 있는 특정한 것이어야 한다.

  他把那杯咖啡喝完了。→ 他把一杯咖啡喝完了。 (×)

- 기타성분에는 주로 동태조사(了, 着), 보어(가능보어 제외), 동사의 중첩 등이 쓰인다.

  我把牛奶喝了。
  他把那个苹果吃完了。
  她把房间收拾得干干净净的。

  牛奶 niúnǎi 명 우유 1급
  收拾 shōushi 동 치우다, 정리하다 5급

- 부정사, 조동사, 시간을 나타내는 부사어는 일반적으로 '把' 앞에 놓인다.

  我还没把这本书看完。
  你应该把汉语学好。
  他已经把车修好了。

  修 xiū 동 수리하다 3급

바로 확인하기

제시된 문장을 '把'자문으로 바꿔 보세요.

① 我已经看完那本书了。 → ______________________

② 请关上门。 → ______________________

③ 先做完你的作业。 → ______________________

2 반어문

- 부정의 의문형식으로 강하게 긍정하거나, 긍정의 의문형식으로 강하게 부정하는 문장형식이다. 주로 말하고자 하는 내용을 강조할 때 쓰인다.

  我哪儿有心情去玩儿呀? → 我没有心情去玩儿。

  教他汉语的不是金老师吗? → 教他汉语的是金老师。

  我没告诉你吗? → 我告诉你了。

바로 확인하기

제시된 단어를 알맞게 배열하여 문장을 완성하세요.

① 你/中国/下个月/不是/去/吗 (너 다음 달에 중국 가는 거 아니니?)

→ ______________________

② 没/我/你/说/跟/吗 (내가 너한테 얘기 안 했니?)

→ ______________________

3 조동사 '应该'

- '마땅히 ~해야 한다'는 의미로, 도리상의 의무, 요구를 나타낸다. 부정형은 '不应该'이다.

  我应该找个辅导老师。

  你应该提前给他发个微信。

  你不应该迟到。

提前 tíqián 동 (시간이나 기한을) 앞당기다 3급

迟到 chídào 동 지각하다 4급

- '(분명히) ~일 것이다'는 의미로, 확신에 가까운 추측을 나타내기도 한다.

  他们应该快到了。

  那儿应该有咖啡馆。

바로 확인하기

조동사 '应该'를 이용하여 제시된 우리말을 중국어로 바꿔 보세요.

① 너는 그 애한테 이 일을 알려야 해. → ________________ (告诉，这件事)

② 당신은 이렇게 말하면 안 돼요. → ________________ (这么，说)

③ 그 애는 중국어를 잘 말할 거예요. → ________________ (汉语，不错)

4 '又~又~'

- '~하면서 ~하다'는 의미로, 두 가지 동작이나 상황이 동시에 존재함을 나타낸다. '又' 뒤에는 형용사, 동사(구)가 모두 올 수 있다.

(형용사)		(동사)
这个菜又好吃又便宜。	‖	听网课又省时间又省钱。
他汉字写得又好又快。	‖	他最近又学汉语又学英语。

바로 확인하기

'又~又~' 를 이용하여 제시된 두 문장을 한 문장으로 만드세요.

① 她的眼睛大大的。/ 她的眼睛圆圆的。 → ________________

② 这件衣服质量很好。/ 这件衣服价格很便宜。 → ________________

③ 他想去中国。/ 他想去美国。 → ________________

圆 yuán 형 둥글다 4급

质量 zhìliàng 명 품질 4급

연습문제

Track 30

1 녹음과 일치하는 문장에 ○, 일치하지 않는 문장에 ×를 표시하세요.

① 时间过得很快，一转眼，期末考试就结束了。（ ）

② 听网课又省时间又省钱。（ ）

③ 维真说自己一个人学习太吃力了，想找个辅导老师。（ ）

2 녹음을 듣고 질문에 알맞은 대답을 고르세요.

① A: 下下个星期　B: 这个星期　C: 下个星期

② A: 钱包　B: 护照　C: 蓝牙耳机

③ A: 阅读　B: 口语　C: 语法

下下个星期 xià xià ge xīngqī 다다음 주

3 본문을 참고하여 질문에 대답해 보세요.

① 伊莉莎期中考试准备得怎么样了？为什么呢？

② 维真考试准备得怎么样了？

③ 伊莉莎这次考试考得怎么样？

④ 听网课有什么好处？

好处 hǎochù 명 장점

핵심문장

- 下个星期就要期中考试了。
- 前几天我把护照弄丢了。
- 对我来说阅读也不容易。
- 我这次考试考砸了，哪儿有心情去玩儿啊？
- 这个主意不错，又省时间又省钱。

6

我昨天回宿舍的路上被雨淋了。

NEW 점프! 대학중국어

회화 1

제6과 | 我昨天回宿舍的路上被雨淋了。

새단어

Track 31

都	dōu	부 이미, 벌써 1급
中午	zhōngwǔ	명 정오 1급
起床	qǐchuáng	기상하다 1급
头	tóu	명 머리 2급
嗓子	sǎngzi	명 목(구멍) 7~9급
疼	téng	동 아프다 2급
一直	yìzhí	부 줄곧 2급
咳嗽	késou	동 기침하다 7~9급
全身	quánshēn	명 온몸 2급
发冷	fā lěng	오한이 나다
感冒	gǎnmào	명 동 감기(에 걸리다) 3급
可能	kěnéng	조동 아마 2급
昨天	zuótiān	명 어제 1급
宿舍	sùshè	명 기숙사 5급
路上	lùshang	명 도중 1급
被	bèi	전 피동문에서 행위자를 이끄는 기능을 함 3급
淋	lín	동 (비에) 젖다 7~9급
一大早	yídàzǎo	명 이른 아침 7~9급
舒服	shūfu	형 편안하다 2급
药	yào	명 약 2급
不管用	bù guǎnyòng	효과가 없다
医院	yīyuàn	명 병원 1급
辆	liàng	양 (차량) 대 2급
车	chē	명 차 1급
麻烦	máfan	동 번거롭게 하다 3급
之间	zhījiān	명 사이 4급
客气	kèqi	동 사양하다 5급

본문

Track 32

大卫: 都中午了，你怎么还没起床啊？
Dōu zhōngwǔ le, nǐ zěnme hái méi qǐchuáng a?

山田: 我的头和嗓子都很疼，一直咳嗽，全身发冷。
Wǒ de tóu hé sǎngzi dōu hěn téng, yìzhí késou, quánshēn fā lěng.

大卫: 你是不是感冒了？最近感冒的人很多。
Nǐ shì bu shì gǎnmào le? Zuìjìn gǎnmào de rén hěn duō.

山田: 可能是吧。我昨天回宿舍的路上被雨淋了，今天一大早就开始不舒服了。
Kěnéng shì ba. Wǒ zuótiān huí sùshè de lùshang bèi yǔ lín le, jīntiān yídàzǎo jiù kāishǐ bù shūfu le.

大卫: 吃药了吗？
Chī yào le ma?

山田: 吃了，不管用。
Chī le, bù guǎnyòng.

大卫: 那还是去医院看看吧。我叫辆车，陪你一起去。
Nà háishi qù yīyuàn kànkan ba. Wǒ jiào liàng chē, péi nǐ yìqǐ qù.

山田: 不好意思，大卫，麻烦你了。
Bù hǎoyìsi, Dàwèi, máfan nǐ le.

大卫: 朋友之间客气什么呀！
Péngyou zhījiān kèqi shénme ya!

NEW 점프! 대학중국어

회화 2

제6과 | 我昨天回宿舍的路上被雨淋了。

새단어

Track 33

张嘴 zhāngzuǐ	동 입을 벌리다
发炎 fāyán	동 염증이 생기다 6급
量 liáng	동 (길이·온도·무게 따위를) 재다 4급
体温 tǐwēn	명 체온 7~9급
度 dù	양 명 (온도) 단위, 도 2급
医生 yīshēng	명 의사 1급
严重 yánzhòng	형 심각하다 4급
打针 dǎzhēn	주사를 놓다, 주사를 맞다 4급
发烧 fāshāo	열이 나다 4급
开药 kāi yào	약을 처방하다
次 cì	양 번, 횟수 1급
担心 dānxīn	걱정하다 4급
记得 jìde	동 기억하고 있다 1급
按时 ànshí	부 제시간에 4급

본문 Track 34

医生: 你哪儿不舒服?
Nǐ nǎr bù shūfu?

山田: 我头和嗓子都疼得很，一直咳嗽，全身发冷。
Wǒ tóu hé sǎngzi dōu téng de hěn, yìzhí késou, quánshēn fā lěng.

医生: 什么时候开始的?
Shénme shíhou kāishǐ de?

山田: 今天早上。
Jīntiān zǎoshang.

医生: 张嘴，我看看，啊—，嗓子有点儿发炎了。
Zhāngzuǐ, wǒ kànkan, ā—, sǎngzi yǒudiǎnr fāyán le.

来，量一量体温。三十八度五。
Lái, liáng yi liáng tǐwēn. Sān shí bā dù wǔ.

山田: 医生，严重吗? 要打针吗?
Yīshēng, yánzhòng ma? Yào dǎzhēn ma?

医生: 你正在发高烧，要打一针。再给你开三天的药，一天吃三次。
Nǐ zhèngzài fā gāo shāo, yào dǎ yì zhēn. Zài gěi nǐ kāi sān tiān de yào, yì tiān chī sān cì.

别太担心，记得按时吃药，好好儿休息就会好的。
Bié tài dānxīn, jìde ànshí chī yào, hǎohāor xiūxi jiù huì hǎo de.

山田: 谢谢医生。
Xièxie yīshēng.

단문연습

Track 35

都中午了，大卫问山田为什么还不起床。山田说他可能感冒了，因为昨天回宿舍的路上他被雨淋了，今天一大早就开始不舒服了。他的头和嗓子都很疼，还一直咳嗽，全身发冷。虽然他已经吃过药了，不过不管用。所以大卫决定叫辆车陪他一起去医院看看。来到医院，医生检查后说，山田的嗓子有点儿发炎了，正在发高烧，要打一针。然后医生给他开了三天的药，告诉他不用担心，按时吃药，好好儿休息就会好的。

Dōu zhōngwǔ le, Dàwèi wèn Shāntián wèishénme hái bù qǐchuáng. Shāntián shuō tā kěnéng gǎnmào le, yīnwèi zuótiān huí sùshè de lùshang tā bèi yǔ lín le, jīntiān yídàzǎo jiù kāishǐ bù shūfu le. Tā de tóu hé sǎngzi dōu hěn téng, hái yìzhí késou, quánshēn fā lěng. Suīrán tā yǐjīng chī guo yào le, búguò bù guǎnyòng. Suǒyǐ Dàwèi juédìng jiào liàng chē péi tā yìqǐ qù yīyuàn kànkan. Láidào yīyuàn, yīshēng jiǎnchá hòu shuō, Shāntián de sǎngzi yǒudiǎnr fāyán le, zhèngzài fā gāo shāo, yào dǎ yì zhēn. Ránhòu yīshēng gěi tā kāi le sān tiān de yào, gàosu tā búyòng dānxīn, ànshí chī yào, hǎohāor xiūxi jiù huì hǎo de.

교체연습

01 都 (中午) 了，你怎么还没 (起床) 呢?

这个点儿	吃饭
下班	回家
上课	进教室

进 jìn 동 (바깥으로부터 안으로) 들다 1급
教室 jiàoshì 명 교실 2급

02 (我) 被 (雨) (淋) 了。

他	老师	批评
钱包	小偷	偷走
蛋糕	弟弟	吃光

批评 pīpíng 동 꾸짖다 3급
小偷 xiǎotōu 명 좀도둑
偷 tōu 동 훔치다 5급
蛋糕 dàngāo 명 케이크 5급

03 (他一天) (吃三次) (感冒药)。

她	去了一趟	医院
这本书我	看过两遍	
他	帮了	我很多次

趟 tàng 양 차례, 번 6급
遍 biàn 양 번, 회 2급
帮 bāng 동 돕다 1급

NEW 점프! 대학중국어

어법 포인트

1 '被'자문

- 전치사 '被'를 이용하여 '~에 의해 ~되다(당하다)'는 피동의미를 나타내는 특수구문이다. 기본 어순은 [주어+被+명사(구)+술어(동사+기타성분)]이고, 명사(구)는 동작의 주체를 나타낸다.

  我昨天回宿舍的路上被雨淋了。

  那本书被人借走了。

- 기타성분은 동태조사(了, 过)가 오거나, 가능보어를 제외한 보어가 주로 온다.

  那件事被妈妈发现了。

  西瓜都被哥哥吃光了。

  昨天的事被我忘得干干净净。

> 发现 fāxiàn 동 발견하다 2급

- 행위자가 누구인지 분명하지 않거나 밝힐 필요가 없는 경우에는 생략이 가능하다.

  那本书被借走了。

  那件事被发现了。

- 부정사, 부사, 조동사와 같은 수식어는 주로 '被' 앞에 놓인다.

  我从来没被妈妈打过。

  那本书应该被借走了。

> 打 dǎ 동 때리다 1급

바로 확인하기

어순에 맞게 배열하여 문장을 완성하세요.

① 手机/偷走/我的/被/了/小偷 → ____________________

② 已经/被/了/那杯水/喝光 → ____________________

③ 没/人/被/我的/汉语书/借走 → ____________________

2 동량보어

- 술어 뒤에 쓰여 동작의 횟수를 나타내는 보어이다. [수사+동량사]로 나타내며, '次', '回'(일반적 동작 횟수), '遍'(처음부터 끝까지 두루 거친 횟수), '趟'(오고 가는 횟수) 등이 자주 쓰이는 동량사이다.

一天吃三次。
麻烦您再说一遍。

回 huí 양 번, 회 1급

- 문장 중에 목적어가 출현할 때는 목적어의 종류에 따라 어순이 달라진다.

a. 목적어가 명사인 경우는 [주어+술어+동량보어+목적어]이다.

我吃过一次辣子鸡。

b. 목적어가 대명사인 경우는 [주어+술어+목적어+동량보어]이다.

我一天见他三次。

c. 목적어가 인명·지명·장소인 경우는 동량사의 위치가 목적어 앞뒤 모두에 올 수 있다.

他来过两次韩国。 ＝ 他来过韩国两次。

바로 확인하기

어순에 맞게 배열하여 문장을 완성하세요.

① 我吃过（一次，北京烤鸭） → ______________________

② 他打了（一顿，我） → ______________________

③ 他去过（两次，大邱） → ______________________

顿 dùn 양 차례 2급

연습문제

Track 36

1 녹음과 일치하는 문장에 ○, 일치하지 않는 문장에 ×를 표시하세요.

① 都中午了，山田问大卫为什么还不起床。（ ）

② 大卫昨天回宿舍的路上被雨淋了，今天一大早就开始不舒服了。（ ）

③ 虽然大卫已经吃过药了，不过不管用。（ ）

2 녹음을 듣고 질문에 알맞은 대답을 고르세요.

① A: 医院	B: 宿舍	C: 教室
② A: 今天早上	B: 昨天晚上	C: 昨天下午
③ A: 一天吃两次	B: 一天吃一次	C: 一天吃三次

3 본문을 참고하여 질문에 대답해 보세요.

① 山田哪儿不舒服?

② 山田为什么不舒服?

③ 感冒什么时候开始的?

④ 医生说别太担心，他为什么这样说?

핵심문장

- 都中午了，你怎么还没起床啊？
- 你是不是感冒了？
- 我昨天回宿舍的路上被雨淋了。
- 你哪儿不舒服？
- 给你开三天的药，一天吃三次。

7

看来中国年轻人的社交平台也够丰富的。

회화 1

제7과 | 看来中国年轻人的社交平台也够丰富的。

새단어

Track 37

课后 kèhòu	명 방과 후
作业 zuòyè	명 숙제 2급
(的)时候 (de)shíhou	명 ~할 때 1급
刷视频 shuā shìpín	동영상을 보다
年轻 niánqīng	형 젊다 2급
抖音 dǒuyīn	틱톡
还有 háiyǒu	그리고 1급
小红书 xiǎohóngshū	샤오훙슈(중국 SNS)
天 tiān	양 날, 일 1급
第一 dìyī	수 맨 처음
有的 yǒude	대 어떤 것 1급
朋友圈 péngyouquān	위챗의 모멘트
看来 kànlái	보아하니 4급
社交 shèjiāo	명 소셜네트워크 7~9급
平台 píngtái	명 플랫폼 6급
丰富 fēngfù	형 풍부하다 3급

본문

Track 38

伊莉莎: 维真，课后你一般做什么?
Wéizhēn, kèhòu nǐ yìbān zuò shénme?

维真: 有作业的时候做作业，没作业的时候刷视频。
Yǒu zuòyè de shíhou zuò zuòyè, méi zuòyè de shíhou shuā shìpín.

伊莉莎: 我刚到中国，不知道现在中国年轻人都刷什么视频。
Wǒ gāng dào Zhōngguó, bù zhīdào xiànzài Zhōngguó niánqing rén dōu shuā shénme shìpín.

维真: 现在很多人都在玩儿抖音。
Xiànzài hěn duō rén dōu zài wánr dǒuyīn.

伊莉莎: 我知道抖音，在我们那儿也玩儿过。
Wǒ zhīdào dǒuyīn, zài wǒmen nàr yě wánr guo.

维真: 还有，最近玩儿小红书的人一天比一天多，你也试试吧。
Háiyǒu, zuìjìn wánr xiǎohóngshū de rén yì tiān bǐ yì tiān duō, nǐ yě shìshi ba.

伊莉莎: 小红书? 我还是第一次听说。
Xiǎohóngshū? Wǒ háishì dìyī cì tīngshuō.

维真: 对了*，有的年轻人也很喜欢刷朋友圈。
Duì le, yǒude niánqīng rén yě hěn xǐhuan shuā péngyouquān.

伊莉莎: 哇，看来中国年轻人的社交平台也够丰富的。
Wā, kànlái Zhōngguó niánqing rén de shèjiāo píngtái yě gòu fēngfù de.

TIP

* 대화에서 쓰이는 '对了'는 불현듯 뭔가가 생각났을 때 또는 화제를 바꿀 때 자주 사용하는 말입니다. '아참!', '아, 맞다!' 정도의 어감이지요.

회화 2

제7과 | 看来中国年轻人的社交平台也够丰富的。

새단어

Track 39

甜点 tiándiǎn	명 디저트
动 dòng	동 손대다, 건드리다 1급
打包 dǎbāo	포장하다 5급
主要 zhǔyào	부 형 주로, 주요하다 2급
拍照 pāizhào	사진을 찍다 4급
自媒体 zìméitǐ	1인 미디어
懂 dǒng	동 이해하다 2급
地方 dìfang	명 부분 1급
比较 bǐjiào	부 비교적 3급
周围 zhōuwéi	명 주위, 주변 3급
原来 yuánlái	부 원래(알고 보니) 2급
教 jiāo	동 가르치다 1급

본문

Track 40

山田: 甜点来了，我们快吃吧。
Tiándiǎn lái le, wǒmen kuài chī ba.

维真: 先别动，这家的甜点很漂亮，我想再点几个。
Xiān bié dòng, zhè jiā de tiándiǎn hěn piàoliang, wǒ xiǎng zài diǎn jǐ ge.

山田: 点那么多，我们吃得完吗?
Diǎn nàme duō, wǒmen chī de wán ma?

维真: 没关系，吃不完我们就打包带走。我主要是想拍个照。
Méi guānxi, chī bu wán wǒmen jiù dǎbāo dài zǒu. Wǒ zhǔyào shì xiǎng pāi ge zhào.

山田: 拍照干什么?
Pāizhào gàn shénme?

维真: 你还不知道吗? 我最近开始做自媒体了。
Nǐ hái bù zhīdào ma? Wǒ zuìjìn kāishǐ zuò zìméitǐ le.

山田: 是吗? 你会做? 不难吗?
Shì ma? Nǐ huì zuò? Bù nán ma?

维真: 刚开始的时候不懂的地方比较多，但是问了周围的朋友后，
Gāng kāishǐ de shíhou bù dǒng de dìfang bǐjiào duō, dànshì wèn le zhōuwéi de péngyou hòu,
我都学会了。
wǒ dōu xué huì le.

山田: 原来是这样。听你这么说，我也很感兴趣。
Yuánlái shì zhèyàng. Tīng nǐ zhème shuō, wǒ yě hěn gǎn xìngqù.
以后有时间你也教教我吧。
Yǐhòu yǒu shíjiān nǐ yě jiāojiao wǒ ba.

NEW 점프! 대학중국어

단문연습

Track 41

伊莉莎刚到中国，还不知道现在中国年轻人都刷什么视频。维真告诉她现在很多人不是玩儿抖音，就是玩儿小红书，刷朋友圈什么的。伊莉莎说她以前玩儿过抖音，但从来没听说过小红书。维真最近开始做自媒体了，所以一看见漂亮的东西就会马上拍照。有一次，维真和山田来到一家甜品店，她发现这家店的甜点很好看，就一连点了好几个。山田担心吃不完，维真说吃不完就打包，她主要是想多拍几张照片做自媒体。山田很惊讶，他问维真做自媒体难不难。维真说刚开始的时候比较难，但在周围朋友的帮助下，很快就都学会了。山田听了后也想跟维真学做自媒体。

甜品 tiánpǐn 명 디저트

一连 yìlián 부 잇따라, 연이어 7~9급

惊讶 jīngyà 형 놀라다, 의아하게 생각하다 7~9급

Yīlìshā gāng dào Zhōngguó, hái bù zhīdào xiànzài Zhōngguó niánqīng rén dōu shuā shénme shìpín. Wéizhēn gàosu tā xiànzài hěn duō rén búshì wánr dǒuyīn, jiùshì wánr xiǎohóngshū, shuā péngyouquān shénmede. Yīlìshā shuō tā yǐqián wánr guo dǒuyīn, dàn cónglái méi tīngshuō guo xiǎohóngshū. Wéizhēn zuìjìn kāishǐ zuò zìméitǐ le, suǒyǐ yí kànjiàn piàoliang de dōngxi jiù huì mǎshàng pāizhào. Yǒu yí cì, Wéizhēn hé Shāntián láidào yì jiā tiánpǐn diàn, tā fāxiàn zhè jiā diàn de tiándiǎn hěn hǎokàn, jiù yìlián diǎn le hǎojǐ ge. Shāntián dānxīn chī bu wán, Wéizhēn shuō chī bu wán jiù dǎbāo, tā zhǔyào shì xiǎng duō pāi jǐ zhāng zhàopiàn zuò zìméitǐ. Shāntián hěn jīngyà, tā wèn Wéizhēn zuò zìméitǐ nán bu nán. Wéizhēn shuō gāng kāishǐ de shíhou bǐjiào nán, dàn zài zhōuwéi péngyou de bāngzhù xià, hěn kuài jiù dōu xué huì le. Shāntián tīng le hòu yě xiǎng gēn Wéizhēn xué zuò zìméitǐ.

교체연습

01

玩小红书的人 天 比一 天 多。

我们班的同学	个	个	优秀
物价	年	年	高
她的汉语说得	天	天	好

- 优秀 yōuxiù 형 (품행, 성적 따위가) 우수하다 4급
- 物价 wùjià 명 물가 5급

02

点那么多， 我们 吃不完。

老师说得很快	听不懂
那天有别的安排	来不了
茅台太贵了	喝不起

- 来不了 lái bu liǎo 올 수 없다
- 茅台 Máotái 고명 마오타이(고량주)

03

很多人 不是 玩儿抖音，就是 玩儿小红书。

周末他	睡觉	刷视频
最近	下大雨	刮大风
她的衣服	黑色的	白色的

- 刮风 guāfēng 동 바람이 불다 7~9급
- 黑色 hēisè 명 검은색 2급

NEW 점프! 대학중국어

어법 포인트

1 '一+양사+比+一+양사'

- 시간의 경과에 따라 사물의 정도가 심화되는 상황을 나타내는 구문으로, 양사 자리에는 '天', '年' 등 시간을 나타내는 양사뿐만 아니라 명량사, 동량사도 올 수 있다.

  最近玩儿小红书的人一天比一天多。

  天气一天比一天冷。

  孩子的个子一年比一年高。

  这些电影一部比一部有意思。

部 bù 양 (영화) 편 2급

바로 확인하기

괄호 안에 알맞은 양사를 넣어 문장을 완성하세요.

① 他的成绩一（　）比一（　）好。

② 这里的学生一（　）比一（　）可爱。

③ 考试一（　）比一（　）难。

可爱 kě'ài 형 사랑스럽다, 귀엽다 2급

2 가능보어

- 동작 후 결과의 실현 가능성을 나타내는 보어로, '~할 수 있다(없다)'로 해석된다. 긍정형은 [술어+得+보어]이고 부정형은 [술어+不+보어]이다.

(긍정)		(부정)
点得不多，我们吃得完。	॥	点得太多，我们吃不完。
我听得懂他的话。	॥	我听不懂他的话。
今天有时间，去得了。	॥	今天我很忙，去不了。

바로 확인하기

괄호 안의 단어를 이용해서 가능보어가 포함된 문장을 완성하세요.

① 作业太多了，我 ________________________。（做，完）

② 这里的菜量不大，我一个人 ________________________。（吃，了）

③ 这么贵的东西，我 ________________________。（买，起）

5 '不是~，就是~'

- '(둘 중에) ~가 아니면 ~이다'의 의미로, 선택 관계를 나타내는 복문을 만들 때 쓰이는 구문이다.

很多人不是玩儿抖音，就是玩儿小红书。

他每天不是迟到就是早退。

她不是中国人，就是日本人。

> 早退 zǎotuì 동 조퇴하다 2급

(비교) 중국어에는 '不是~，而是~' 구문도 있다. 이 구문은 '~가 아니라 ~이다'의 의미로, 병렬 관계를 나타내는 복문을 만들 때 쓰이는 구문이다.

她不是中国人，而是日本人。

他不是迟到，而是早退。

바로 확인하기

괄호 안의 단어를 이용해서 '不是~，就是~'가 포함된 문장을 완성하세요.

① 妈妈做的菜 ________________________。（太咸，太淡）

② 那儿的天气不太好，________________________。（下雨，下雪）

③ 爸爸下班回家后，________________________。（看书，看电视）

> 咸 xián 형 (맛이) 짜다 4급
>
> 淡 dàn 형 (맛이) 싱겁다 4급

연습문제

Track 42

1 녹음과 일치하는 문장에 ○, 일치하지 않는 문장에 ×를 표시하세요.

① 山田最近开始做自媒体了。（　）

② 维真发现这家甜品店的甜点很好吃，就一连点了好几个。（　）

③ 维真主要是想多拍几张照片，因为她要做自媒体。（　）

2 녹음을 듣고 질문에 알맞은 대답을 고르세요.

① A: 玩游戏	B: 刷视频	C: 做作业
② A: 没听说过	B: 没有兴趣	C: 刚到中国
③ A: 抖音	B: 小红书	C: 朋友圈

游戏 yóuxì 명 오락 3급

3 본문을 참고하여 질문에 대답해 보세요.

① 维真课后一般做什么?

② 中国年轻人都刷什么视频?

③ 维真最近开始做什么了?

④ 维真是怎么学会做自媒体的?

핵심문장

- 课后你一般做什么?
- 有作业的时候做作业,没作业的时候刷视频。
- 最近玩儿小红书的人一天比一天多。
- 点那么多,我们吃得完吗?
- 很多人不是玩儿抖音,就是玩儿小红书。

8

我打算去西安走走。

회화 1

제8과 | 我打算去西安走走。

새단어

Track 43

단어	병음	품사	뜻	급수
生活	shēnghuó	명 동	생활(하다)	2급
回国	huíguó	동	귀국하다	2급
之前	zhīqián	명	전에	4급
哦	ò	감	아! 오!(납득·이해·동의 따위를 나타냄)	7~9급
兵马俑	Bīngmǎyǒng	명	병마용	
早就	zǎojiù	부	일찍이, 진작	2급
离	lí	동	떠나다	2급
校	xiào	명	학교	1급
手续	shǒuxù	명	수속	3급
差点儿	chàdiǎnr	부	하마터면 ~할 뻔하다	
西安	Xī'ān	고명	시안	

본문

Track 44

山田: 我们在中国的留学生活快要结束了，回国之前，你有什么安排吗？
Wǒmen zài Zhōngguó de liúxué shēnghuó kuài yào jiéshù le, huíguó zhīqián, nǐ yǒu shénme ānpái ma?

大卫: 我打算去西安走走。
Wǒ dǎsuàn qù Xī'ān zǒuzou.

山田: 哦，兵马俑不就是在西安吗？我早就想去看看了。
ò, Bīngmǎyǒng bú jiùshì zài Xī'ān ma? Wǒ zǎojiù xiǎng qù kànkan le.
我能跟你一起去吗？
Wǒ néng gēn nǐ yìqǐ qù ma?

大卫: 当然可以。
Dāngrán kěyǐ.

山田: 你打算什么时候去？
Nǐ dǎsuàn shénme shíhou qù?

大卫: 还没想好。
Hái méi xiǎng hǎo.

山田: 那期末考试一结束我们就出发，怎么样？
Nà qīmò kǎoshì yì jiéshù wǒmen jiù chūfā, zěnmeyàng?

大卫: 好是好，不过考完后我们得办理离校手续。
Hǎo shì hǎo, búguò kǎo wán hòu wǒmen děi bànlǐ lí xiào shǒuxù.

山田: 对啊，我差点儿忘了。
Duì a, wǒ chàdiǎnr wàng le.

大卫: 我们还是等办完手续后再出发吧。
Wǒmen háishì děng bàn wán shǒuxù hòu zài chūfā ba.

회화 2

새단어

Track 45

단어	병음	품사	뜻	급수
过来	guòlái	동	다가오다	2급
暑假	shǔjià	명	여름방학	4급
旅游	lǚyóu	동	여행하다	2급
旺季	wàngjì	명	성수기	7~9급
提前	tíqián	동	앞당기다	3급
订	dìng	동	예약하다	3급
票	piào	명	표	1급
火车	huǒchē	명	기차	1급
飞机	fēijī	명	비행기	1급
交流	jiāoliú	명 동	교류(하다)	3급
想法	xiǎngfǎ	명	생각, 의견	2급
酒店	jiǔdiàn	명	호텔	2급
白天	báitiān	명	낮	1급
没事儿	méishìr		괜찮다	1급
夜间	yèjiān	명	야간	5급
回来	huílái	동	돌아오다	1급
顺便	shùnbiàn	부	~하는 김에	7~9급
洛阳	Luòyáng	고명	뤄양	
逛	guàng	동	돌아다니다	4급
值得	zhíde	동	~할 만한 가치가 있다	3급
古都	gǔdū	명	고도	
同时	tóngshí	명	동시	2급
一举两得	yì jǔ liǎng dé	성	일거양득	

본문

Track 46

大卫: 山田，你过来一下。暑假是旅游旺季，我们得提前订票。
Shāntián, nǐ guòlái yíxià. Shǔjià shì lǚyóu wàngjì, wǒmen děi tíqián dìng piào.

山田: 我们怎么去呢？坐火车还是坐飞机？
Wǒmen zěnme qù ne? Zuò huǒchē háishi zuò fēijī?

大卫: 还是坐火车吧，在火车上可以跟中国人交流。
Háishì zuò huǒchē ba, zài huǒchē shàng kěyǐ gēn Zhōngguó rén jiāoliú.

山田: 这个想法不错。那我们就上网订票吧。在网上可以订票、订酒店。
Zhè ge xiǎngfǎ búcuò. Nà wǒmen jiù shàngwǎng dìng piào ba. Zài wǎngshàng kěyǐ dìng piào、dìng jiǔdiàn.

大卫: 你看，白天的票都卖完了。
Nǐ kàn, báitiān de piào dōu mài wán le.

山田: 没事儿，我们可以买夜间的。
Méishìr, wǒmen kěyǐ mǎi yèjiān de.

大卫: 对了，回来的路上可以顺便去洛阳逛逛，大家都说那儿值得一去。
Duì le, huílái de lùshang kěyǐ shùnbiàn qù Luòyáng guàngguang, dàjiā dōu shuō nàr zhíde yí qù.

山田: 好主意。西安和洛阳都是中国的古都，可以同时去这两个地方，
Hǎo zhǔyi. Xī'ān hé Luòyáng dōu shì Zhōngguó de gǔdū, kěyǐ tóngshí qù zhè liǎng ge dìfang,

真是一举两得。
zhēn shì yì jǔ liǎng dé.

NEW 점프! 대학중국어

단문연습

Track 47

大卫在中国的留学生活快要结束了。回国之前，他打算去西安走走。山田听说后，也想一起去西安看看兵马俑，大卫很乐意。山田建议期末考试一结束就出发，但大卫说考完后得办理离校手续，手续办好后再出发。暑假是旅游旺季，所以他们得提前订票。大卫想坐火车，因为在火车上可以跟中国人交流，山田也觉得这个想法不错。他们上网查了查，白天的票都卖完了，只好买夜间票了。大卫突然想到洛阳也值得一去，所以他建议回来的路上顺便去洛阳逛逛。山田觉得这样可以同时去西安和洛阳两个古都，真是个一举两得的好主意。

乐意 lèyì 동 ~하기 원하다 7~9급

Dàwèi zài Zhōngguó de liúxué shēnghuó kuài yào jiéshù le. Huíguó zhīqián, tā dǎsuàn qù Xī'ān zǒuzou. Shāntián tīngshuō hòu, yě xiǎng yìqǐ qù Xī'ān kànkan Bīngmǎyǒng, Dàwèi hěn lèyì. Shāntián jiànyì qīmò kǎoshì yì jiéshù jiù chūfā, dàn Dàwèi shuō kǎo wán hòu děi bànlǐ lí xiào shǒuxù, shǒuxù bàn hǎo hòu zài chūfā. Shǔjià shì lǚyóu wàngjì, suǒyǐ tāmen děi tíqián dìng piào. Dàwèi xiǎng zuò huǒchē, yīnwèi zài huǒchē shàng kěyǐ gēn Zhōngguó rén jiāoliú, Shāntián yě juéde zhè ge xiǎngfǎ búcuò. Tāmen shàngwǎng chá le chá, báitiān de piào dōu mài wán le, zhǐhǎo mǎi yèjiān piào le. Dàwèi tūrán xiǎng dào Luòyáng yě zhíde yí qù, suǒyǐ tā jiànyì huílái de lùshang shùnbiàn qù Luòyáng guàngguang. Shāntián juéde zhèyàng kěyǐ tóngshí qù Xī'ān hé Luòyáng liǎng ge gǔdū, zhēn shì ge yì jǔ liǎng dé de hǎo zhǔyi.

교체연습

01 (好) 是 (好)，不过 (考完后我们得办理离校手续)。

热	热	好玩儿的地方很多
好吃	好吃	有点儿咸
饿	饿了	什么都吃不下

好玩儿 hǎowánr 형 재미있다, 놀기가 좋다 1급

02 还是 (坐火车) 吧，(在火车上可以跟中国人交流)。

明天再说	现在太晚了
早点儿休息	大家都忙了一天了
出去吃	每天吃食堂都吃腻了

晚 wǎn 형 늦다 1급

腻 nì 형 느끼하다

03 他 (走出教室了)。

进屋来了

回宿舍去了

买来了两杯咖啡

NEW 점프! 대학중국어

어법 포인트

1 'A是A, 不过~'

- 'A이기는 한데, 그러나'의 의미로, 전환 관계를 나타내는 복문을 만들 때 쓰이는 구문이다. '不过' 대신에 '可是', '但是', '就是' 등이 올 수도 있다.

  好是好，不过考完后我们得办理离校手续。

  去是得去，可是现在去不了。

  吃是吃了，但是还是有点儿饿。

바로 확인하기

제시된 우리말을 중국어로 바꿔 보세요.

① 맛있긴 맛있는데, 就是有点儿辣。 → ________________, 就是有点儿辣。

② 춥긴 추운데, 但是我一定要去。 → ________________, 但是我一定要去。

③ 어렵긴 어려운데, 不过很有意思。 → ________________, 不过很有意思。

一定 yídìng 부 반드시 2급

2 '还是~吧'

- '(아무래도) ~하는 편이 좋다'의 의미로, 비교적 나은 선택을 제안할 때 쓰이는 구문이다.

  我们还是等办完手续后再出发吧。

  天气很热，我们还是喝冰美式吧。

  你已经醉了，还是别喝了吧。

冰美式 bīngměishì 명 아이스 아메리카노

醉 zuì 동 취하다 5급

바로 확인하기

'还是~吧'를 이용하여 제시된 우리말을 중국어로 바꿔 보세요.

① 너는 인터넷 강의를 듣는 편이 좋겠어. → ____________ (听，网课)

② 당신은 혼자 오시는 편이 좋겠어요. → ____________ (一个人，来)

③ 내일 다시 연락하는 편이 좋겠어요. → ____________ (再，联系)

联系 liánxì 동 연락하다 3급

6 단순방향보어

▪ 술어 뒤에 쓰여 사람이나 사물의 이동 방향을 설명해 주는 보어이다. 단순방향보어는 한 개의 이동 방향을 나타내며 일반적으로 아래 표와 같이 이동성을 가진 동사가 담당한다.

来	去	上	下	进	出	回	过	起	开
화자에게 다가옴	화자와 멀어짐	위로 이동	아래로 이동	안으로 이동	밖으로 이동	원점으로 이동	건너감	아래에서 위로 이동	분리

妈妈买来了一斤苹果。
他走进教室了。

▪ 上, 下, 进, 出, 回, 过, 起 + 来/去인 경우는 上, 下 등이 술어이고, 来/去만이 단순방향보어가 된다.

你过来一下。
他已经回去了。

▪ 来, 去가 단순방향보어일 때는 목적어의 종류에 따라 어순이 달라진다. 장소 목적어인 경우는 [술어+장소목적어+来/去]이고, 장소 목적어가 아닌 경우에는 来, 去 앞뒤에 모두 올 수 있다.

你快回教室去吧！ → 你快回去教室吧！ (×)
妈妈买来了一斤苹果。 → 妈妈买一斤苹果来了。 (○)

▪ 上, 下, 进, 出, 回, 过, 起가 단순방향보어일 때는 목적어가 무엇이든 그 뒤에 온다.

他走进教室了。

我捡起了一个手机。

捡 jiǎn 동 줍다 6급

바로 확인하기

제시된 단어를 알맞게 배열하여 문장을 완성하세요.

① 내가 너와 함께 아래로 내려갈게.

我陪你(去, 下, 楼)。 → 我陪你 ________________。

② 그는 벌써 집에 돌아갔어요.

他已经(家, 回, 去)了。 → 他已经 ________________了。

③ 학생들이 학교 밖으로 걸어 나왔어요.

学生们(出, 学校, 走)了。 → 学生们 ________________了。

楼 lóu 명 층 1급

연습문제

Track 48

1 녹음과 일치하는 문장에 ○, 일치하지 않는 문장에 ×를 표시하세요.

① 回国之前，大卫打算去西安走走。（ ）

② 山田听说后也想一起去洛阳，大卫很乐意。（ ）

③ 大卫说考完后得办理离校手续，手续办好后再出发。（ ）

2 녹음을 듣고 질문에 알맞은 대답을 고르세요.

	A	B	C
①	A: 暑假就要到了	B: 提前买便宜	C: 暑假是旅游旺季
②	A: 又快又便宜	B: 又快又方便	C: 可以跟中国人交流
③	A: 西安	B: 洛阳	C: 郑州

郑州 Zhèngzhōu 고명 정저우

3 본문을 참고하여 질문에 대답해 보세요.

① 回国之前，大卫有什么安排吗?

② 他们打算什么时候出发?

③ 他们坐火车去还是坐飞机去? 坐火车去有什么好处?

④ 这次旅游他们打算去哪些城市? 这些城市为什么值得一去?

城市 chéngshì 명 도시 3급

핵심문장

- 那期末考试一结束我们就出发，怎么样？
- 好是好，不过考完后我们得办理离校手续。
- 对啊，我差点儿忘了。
- 山田，你过来一下。
- 还是坐火车吧，在火车上可以跟中国人交流。

9

我们在网上预订了一个标准间。

NEW 점프! 대학중국어

회화 1

제9과 | 我们在网上预订了一个标准间。

새단어 Track 49

前台 qiántái	명	프런트 7~9급
预订 yùdìng	동	예약하다 4급
标准间 biāozhǔnjiān	명	스탠더드룸
稍 shāo	부	잠시, 잠깐 5급
信息 xìnxī	명	정보 2급
房费 fángfèi	명	숙박비
已 yǐ	부	이미, 벌써 3급
全额 quán'é	형	전액(으로)
需要 xūyào	명 동	필요(하다) 3급
交 jiāo	동	(돈을) 내다 2급
押金 yājīn	명	보증금 5급
得 děi	조동	~해야 하다 4급
按照 ànzhào	전	~에 따라 3급
规定 guīdìng	명 동	규정(하다) 3급
入住 rùzhù	동	투숙하다
付 fù	동	지불하다 3급
退房 tuìfáng		체크아웃
退 tuì	동	돌려주다 3급
房卡 fángkǎ	명	객실 카드키
房号 fánghào		'房间号码'(방 번호)의 준말
乘坐 chéngzuò	동	타다 5급
左边 zuǒbian	명	왼쪽 1급
电梯 diàntī	명	엘리베이터 4급

본문

Track 50

前台: 您好，欢迎光临。您有预订吗？
Nín hǎo， huānyíng guānglín. Nín yǒu yùdìng ma?

山田: 我们在网上用山田本一的名字预订了一个标准间。
Wǒmen zài wǎngshàng yòng Shāntián Běnyī de míngzi yùdìng le yí ge biāozhǔnjiān.

前台: 请稍等，我查一下。
Qǐng shāo děng, wǒ chá yíxià.

山田: 好。
Hǎo.

前台: 我查到了您的预订信息。请出示一下证件。
Wǒ chá dào le nín de yùdìng xìnxī. Qǐng chūshì yíxià zhèngjiàn.

山田: 给您。
Gěi nín.

前台: 您的房费已全额支付，只需要再交500元的押金。
Nín de fángfèi yǐ quán'é zhīfù, zhǐ xūyào zài jiāo wǔ bǎi yuán de yājīn.

山田: 还得付押金？
Hái děi fù yājīn?

前台: 按照我们酒店的规定，入住的客人都要付押金，
Ànzhào wǒmen jiǔdiàn de guīdìng, rùzhù de kèrén dōu yào fù yājīn,
退房时会退给您的。
tuìfáng shí huì tuì gěi nín de.

山田: 原来是这样。
Yuánlái shì zhèyàng.

前台: 好了，您的手续办好了。这是您的房卡，房号是1314。
Hǎo le, nín de shǒuxù bàn hǎo le. Zhè shì nín de fángkǎ, fánghào shì yāo sān yāo si.
您乘坐左边的电梯上去就可以了。
Nín chéngzuò zuǒbian de diàntī shàngqù jiù kěyǐ le.

山田: 谢谢。今天可*真累啊，得赶紧上去休息了。
Xièxie. Jīntiān kě zhēn lèi a, děi gǎnjǐn shàngqù xiūxi le.

TIP

* '可'는 주로 대화체에 출현하는 부사로, 정도를 강조해 주는 역할을 합니다.
예 他汉语说得可好了。
这可是一件大事。

NEW 점프! 대학중국어

회화 2

제9과 | 我们在网上预订了一个标准间。

새단어

Track 51

大雁塔 Dàyàntǎ	고명	대안탑
来不及 láibují	동	제시간에 못 맞추다, 늦다 4급
地图 dìtú	명	지도 1급
写 xiě	동	쓰다 1급
出行路线 chūxíng lùxiàn		이동 노선
最好 zuìhǎo	부	~하는 게 제일 좋다 1급
百闻不如一见 bǎi wén bùrú yí jiàn	성	백 번 듣는 것이 한 번 보는 것만 못하다
表情 biǎoqíng	명	표정 4급
姿势 zīshì	명	자세 7~9급
各不相同 gè bù xiāngtóng		제각기 다르다
没错 méi cuò		맞다, 틀림없다
模仿 mófǎng	동	모방하다 5급
半天 bàntiān	명	한참 동안 1급
一会儿 yíhuìr		잠시, 짧은 시간 1급
唐代 Tángdài		당나라
保管 bǎoguǎn	명 동	보관(하다) 7~9급
佛经 fójīng	명	불경
登 dēng	동	오르다 4급
塔 tǎ	명	탑 6급
顶 dǐng	명	꼭대기 4급
整个 zhěnggè	형	온, 전체의 3급
长安 Cháng'ān	고명	장안[서한(西漢)·수(隋)·당(唐)나라 때의 서울. 지금의 시안(西安) 일대]
城 chéng	명	성, 도시 3급
尽收眼底 jìn shōu yǎn dǐ	성	한눈에 다 보이다
听起来 tīng qǐlái		듣기에
一定 yídìng	부	반드시 2급

본문

Track 52

大卫: 今天我们要去兵马俑和大雁塔，再不出发就来不及了。
Jīntiān wǒmen yào qù Bīngmǎyǒng hé Dàyàntǎ, zài bù chūfā jiù láibují le.

山田: 好，我们怎么去好呢?
Hǎo, wǒmen zěnme qù hǎo ne?

大卫: 可以用地图APP查一查，上面写着出行路线。
Kěyǐ yòng dìtú APP chá yi chá, shàngmiàn xiě zhe chūxíng lùxiàn.

山田: 那我来看看。从地图上看，最好先去兵马俑，再去大雁塔。
Nà wǒ lái kànkan. Cóng dìtú shàng kàn, zuìhǎo xiān qù Bīngmǎyǒng, zài qù Dàyàntǎ.

(到了兵马俑后)

大卫: 啊，百闻不如一见，终于亲眼见到兵马俑了。
À, bǎi wén bùrú yí jiàn, zhōngyú qīnyǎn jiàndào Bīngmǎyǒng le.

山田: 是啊，你看，兵马俑的表情和姿势都各不相同。
Shì a, nǐ kàn, Bīngmǎyǒng de biǎoqíng hé zīshì dōu gè bù xiāngtóng.

大卫: 没错。你去模仿一下，我给你多拍几张照片。
Méi cuò. Nǐ qù mófǎng yíxià, wǒ gěi nǐ duō pāi jǐ zhāng zhàopiàn.

山田: 兵马俑也看了，照片也拍了，我们该去大雁塔了。
Bīngmǎyǒng yě kàn le, zhàopiàn yě pāi le, wǒmen gāi qù Dàyàntǎ le.

大卫: 逛了半天，我们先坐下来休息一会儿吧。
Guàng le bàntiān, wǒmen xiān zuò xiàlái xiūxi yíhuìr ba.

山田: 也好。大卫，大雁塔有什么可看的?
Yě hǎo. Dàwèi, Dàyàntǎ yǒu shénme kě kàn de?

大卫: 大雁塔是唐代保管佛经的地方，登上塔顶，整个长安城尽收眼底。
Dàyàntǎ shì Tángdài bǎoguǎn fójīng de dìfang, dēng shàng tǎ dǐng, zhěnggè Cháng' ān chéng jìn shōu yǎn dǐ.

山田: 听起来真不错，一会儿到了那儿，我一定要爬上去看看。
Tīng qǐlái zhēn búcuò, yíhuìr dào le nàr, wǒ yídìng yào pá shàngqù kànkan.

NEW 점프! 대학중국어

단문연습

Track 53

山田和大卫来到前台办理入住手续。前台查到他们用山田本一的名字预订了一个标准间，房费已全额支付。但按照酒店的规定，需再交500元的押金，退房时会退给他们。俩人都太累了，所以手续一办好，就去房间休息了。第二天，他们起得很早。山田用地图APP查了查出行路线，决定先去兵马俑，再去大雁塔。到了兵马俑，他们又激动又兴奋，模仿兵马俑的表情和姿势，拍了很多照片。逛了半天了，大卫建议坐下来休息一会儿，休息好了就去大雁塔。山田不知道大雁塔有什么可看的。大卫告诉他大雁塔是古都西安的象征，登上塔顶，整个长安城尽收眼底。山田听后也觉得不错，还说一会儿到了那儿，一定要爬上去看看。

激动 jīdòng 동 흥분하다, 설레다 4급

兴奋 xīngfèn 동 흥분하다 4급

象征 xiàngzhēng 명 동 상징(하다) 5급

Shāntián hé Dàwèi láidào qiántái bànlǐ rùzhù shǒuxù. Qiántái chá dào tāmen yòng Shāntián Běnyī de míngzi yùdìng le yí ge biāozhǔnjiān, fángfèi yǐ quán'é zhīfù. Dàn ànzhào jiǔdiàn de guīdìng, xū zài jiāo wǔ bǎi yuán de yājīn, tuìfáng shí huì tuì gěi tāmen. Liǎ rén dōu tài lèi le, suǒyǐ shǒuxù yí bàn hǎo, jiù qù fángjiān xiūxi le. Dì èr tiān, tāmen qǐ de hěn zǎo. Shāntián yòng dìtú APP chá le chá chūxíng lùxiàn, juédìng xiān qù Bīngmǎyǒng, zài qù Dàyàntǎ. Dào le Bīngmǎyǒng, tāmen yòu jīdòng yòu xīngfèn, mófǎng Bīngmǎyǒng de biǎoqíng hé zīshì, pāi le hěn duō zhàopiàn. Guàng le bàntiān le, Dàwèi jiànyì zuò xiàlái xiūxi yíhuìr, xiūxi hǎo le jiù qù Dàyàntǎ. Shāntián bù zhīdào Dàyàntǎ yǒu shénme kě kàn de. Dàwèi gàosu tā Dàyàntǎ shì gǔdū Xī'ān de xiàngzhēng, dēng shàng tǎ dǐng, zhěnggè Cháng'ān chéng jìn shōu yǎn dǐ. Shāntián tīng hòu yě juéde búcuò, hái shuō yíhuìr dào le nàr, yídìng yào pá shàngqù kànkan.

교체연습

01 今天可真累啊，得赶紧上去休息了。

快要考试了	赶紧复习了
时间不早了	回去了
你感冒了	吃点儿药

02 逛了半天了，先坐下来休息一会儿吧。

剩下的菜	你们带回宿舍去吧
快要上课了	他们跑进教室来了
今天是妈妈的生日	爸爸买回来一束花

束 shù 양 묶음, 다발 3급

03 上面写着出行路线。

教室里	坐	很多学生
老师	站	上课
他们正	开	会呢

站 zhàn 동 서다, 일어서다 1급

开会 kāihuì 동 회의를 하다 1급

NEW 점프! 대학중국어

어법 포인트

1 조동사 '得'

- '~해야 한다'는 의미로, 도리 혹은 사실상 필요를 나타낸다. 부정형은 '不用'이나 '不必'이다.

  今天可真累啊，得赶紧上去休息了。

  病还没好，你得注意身体。

바로 확인하기

괄호 안의 지시대로 물음에 답해 보세요.

① A: 我得天天给你打电话吗? B: ____________________ (부정)

② A: 我得打针吗? B: 你嗓子有点儿发炎了，____________________ (긍정)

2 복합방향보어

- 단순방향보어와 마찬가지로 술어 뒤에 쓰여 사람이나 사물의 이동 방향을 설명해 주는 보어이지만 복합방향보어는 한 개가 아닌 두 개의 이동방향을 나타낸다.

	上	하	进	出	回	过	起	开
来	上来	下来	进来	出来	回来	过来	起来	开来
去	上去	下去	进去	出去	回去	过去	·	开去

我一定要爬上去看看。

他从书包里拿出来了一本书。

听到这个好消息，我们高兴得跳起来了。

跳 tiào 동 (껑충) 뛰다 3급

- 목적어의 종류에 따라 놓이는 위치가 달라진다. 일반명사일 때는 복합방향보어 사이에 올 수 도 있고 뒤에 올수도 있지만, 목적어가 장소일 때는 반드시 복합방향보어 사이에 온다.

[일반명사] 他从书包里拿出一本书来。 → 他从书包里拿出来了一本书。

[장소] 学生们高兴地跑出校门去了。 → 学生们高兴地跑出去校门了。 (×)

校门 xiàomén 명 교문 2급

바로 확인하기

어순에 맞게 배열하여 문장을 완성하세요.

① 今晚/买/蛋糕/来/了/回/爸爸 → ______

② 跑/去/房间/他/了/进 → ______

③ 她们/出/餐厅/走/了/来 → ______

3 동태조사 '着'

- '着'는 동사 뒤에 와서 동작의 지속이나 동작 후 상태의 지속을 나타내는 조사이다.

a. 동작의 지속: 지속성을 가지는 동사+着

他正吃着饭呢。

外面下着雨呢。

b. 동작 후 상태의 지속: 비지속성을 가지는 동사(순간동사)+着

灯关着。

门开着。

c. 부정은 '没(有)'로 하고, 정반의문문은 '~着~没有?' 형식을 취한다.

门没开着。(부정)

门开着没有? (정반의문문)

- ‘동사1+着+동사2’와 같이 ‘동사1+着’ 뒤에 또 다른 동사가 오면 ‘동사1+着’는 방식이나 상태를 나타낸다.

  他坐着说话。

  妹妹躺着看书。

> 躺 tǎng 동 눕다 4급

- ‘着’는 일정한 장소에 어떤 사람이나 사물이 존재하는 존재문에 자주 출현하다. 기본 어순은 [장소+동사着+사람/사물]이다.

  上面写着出行路线。

  桌子上放着一本书。

> 放 fàng 동 놓다 1급

바로 확인하기

괄호 안의 단어를 이용하여 제시된 우리말을 중국어로 바꿔 보세요.

① 그는 의자에 앉아 있어요. (在椅子上，坐)

→ ______________________________

② 그녀는 웃으면서 나에게 말을 해요. (笑，跟，说话)

→ ______________________________

③ 침대 위에 옷이 한 벌 놓여 있어요. (床上，放，衣服)

→ ______________________________

연습문제

Track 54

1 녹음과 일치하는 문장에 ○, 일치하지 않는 문장에 ×를 표시하세요.

① 山田用地图APP查了查出行路线，决定先去大雁塔，再去兵马俑。（　）

② 逛了半天了，大卫建议坐下来休息一会儿，休息好了就去大雁塔。（　）

③ 大卫告诉山田大雁塔是古都西安的象征，登上塔顶，整个长安城尽收眼底。（　）

2 녹음을 듣고 질문에 알맞은 대답을 고르세요.

① A: 500元	B: 300元	C: 600元
② A: 退房时	B: 一天后	C: 不退还
③ A: 1315	B: 1314	C: 1316

3 본문을 참고하여 질문에 대답해 보세요.

① 他们预订了什么样的房间?

② 除了房费以外，山田他们还要交什么? 什么时候会退给他们?

③ 今天他们要去兵马俑和大雁塔，决定怎么去?

④ 大雁塔有什么可看的?

핵심문장

- 按照我们酒店的规定，入住的客人都要付押金，退房时会退给您的。
- 原来是这样。
- 今天我们要去兵马俑和大雁塔，再不出发就来不及了。
- 可以用地图APP查一查，上面写着出行路线。
- 听起来真不错，一会儿到了那儿，我一定要爬上去看看。

10

祝你一路平安!

NEW 점프! 대학중국어

회화 1

제10과 | 祝你一路平安!

새단어

Track 55

眼看 yǎnkàn	부 곧 6급	聚餐 jùcān	명 동 회식(하다)
可不是 kěbúshi	부 그러게 말이다 7~9급	尽兴 jìnxìng	동 마음껏 즐기다
周 zhōu	명 주 2급	必须的 bìxū de	당연하지
如果 rúguǒ	접 만약 2급		
愿意 yuànyì	동 원하다 2급		
的话 dehuà	조 ~한다면 2급		
机场 jīchǎng	명 공항 1급		
父母 fùmǔ	명 부모 3급		
机会 jīhuì	명 기회 2급		
见面 jiànmiàn	(~와) 만나다 1급		

본문

Track 56

维真： 时间过得真快啊！眼看我们就要回国了。
Shíjiān guò de zhēn kuài a! Yǎnkàn wǒmen jiù yào huíguó le.

大卫： 可不是，你订的是几号的飞机？
Kěbúshi, nǐ dìng de shì jǐ hào de fēijī?

维真： 下星期一的。你呢？
Xià xīngqīyī de. Nǐ ne?

大卫： 太巧了，我也是下周一的飞机。如果你愿意的话，我们叫辆车一起去机场吧。
Tài qiǎo le, wǒ yě shì xià zhōuyī de fēijī. Rúguǒ nǐ yuànyì dehuà, wǒmen jiào liàng chē yìqǐ qù jīchǎng ba.

维真： 好的。啊，对了，山田什么时候回国？
Hǎo de. Ā, duì le, Shāntián shénme shíhou huíguó?

大卫： 还不知道。前几天他的父母来了，他说回国前先跟父母在中国玩儿几天。
Hái bù zhīdào. Qián jǐ tiān tā de fùmǔ lái le, tā shuō huíguó qián xiān gēn fùmǔ zài Zhōngguó wánr jǐ tiān.

维真： 听你这么说，我们回国前可能没有机会跟他见面了。
Tīng nǐ zhème shuō, wǒmen huíguó qián kěnéng méiyǒu jīhuì gēn tā jiànmiàn le.

大卫： 不会，伊莉莎说周末她跟山田请我们吃饭。
Bú huì, Yīlìshā shuō zhōumò tā gēn Shāntián qǐng wǒmen chīfàn.

维真： 最后一次聚餐，我们一定要吃好、喝好，尽兴地玩儿一场。
Zuìhòu yí cì jùcān, wǒmen yídìng yào chī hǎo、 hē hǎo, jìn xìng de wánr yì chǎng.

大卫： 必须的。
Bìxū de.

새단어 Track 57

登机	dēngjī	동	(비행기에) 탑승하다 7~9급
行李	xíngli	명	짐, 수하물 3급
托运	tuōyùn	동	탁송하다, 짐을 부치다
超重	chāozhòng	동	중량을 초과하다
进	jìn	동	(바깥으로부터 안으로) 들다 1급
机舱	jīcāng	명	기내 7~9급
称	chēng	동	(무게를) 재다 5급
航班	hángbān	명	항공편 4급
来得及	láidejí	동	제시간에 맞추다, 늦지 않다 4급
安检	ānjiǎn	동	보안 검색을 하다 6급
舍不得	shěbude	동	아쉬워하다 5급
千万	qiānwàn	부	제발 3급
联系	liánxì	동	연락하다 3급
祝	zhù	동	기원하다 3급
一路平安	yílù píng'ān		여정이 평안하기 바라다(무사히 잘 가) 2급
后会有期	hòu huì yǒu qī	성	다시 만날 기약이 있다(다음에 또 만나자)

본문

Track 58

大卫: 你登机手续都办好了吗?
Nǐ dēngjī shǒuxù dōu bàn hǎo le ma?

维真: 办好了。
Bàn hǎo le.

大卫: 但你这个行李怎么没托运呢?
Dàn nǐ zhè ge xíngli zěnme méi tuōyùn ne?

维真: 超重了,我只好把它带进机舱。
Chāozhòng le, wǒ zhǐhǎo bǎ tā dài jìn jīcāng.

大卫: 是吗?我的也可能超重了,也得称一下。
Shì ma? Wǒ de yě kěnéng chāozhòng le, yě děi chēng yíxià.

维真: 你是下午四点的航班,还没开始办理手续吧?
Nǐ shì xiàwǔ sì diǎn de hángbān, hái méi kāishǐ bànlǐ shǒuxù ba?

大卫: 嗯,还得等一个多小时呢。等你走了以后,我再办理也来得及。
Ǹg, hái děi děng yí ge duō xiǎoshí ne. Děng nǐ zǒu le yǐhòu, wǒ zài bànlǐ yě láidejí.

维真: 时间差不多了。我该过安检了。
Shíjiān chàbuduō le. Wǒ gāi guò ānjiǎn le.

真舍不得你。千万别忘了我啊!
Zhēn shěbude nǐ. Qiānwàn bié wàng le wǒ a!

大卫: 怎么会呢?我们随时微信联系。祝你一路平安!
Zěnme huì ne? Wǒmen suíshí wēixìn liánxì. Zhù nǐ yílù píng'ān!

维真: 你也一路平安!后会有期!
Nǐ yě yílù píng'ān! Hòu huì yǒu qī!

大卫: 后会有期!
Hòu huì yǒu qī!

단문연습

Track 59

时间过得真快，眼看大卫和维真就要回国了。真巧，他们俩订的都是下周一的机票。大卫问维真愿不愿意跟他一起打车去机场。维真说当然愿意。因为她觉得一个人打车去不如两个人打车去划算。山田也要回国了，但还不知道具体是什么时候，因为他的父母来了，回国前他们打算在中国玩儿几天。伊莉莎舍不得他们走，她希望大家离开前再聚一聚，痛快地玩儿一场。很快就到周一了，大卫和维真一起打车到了机场。大卫是下午四点的飞机，还要等一个多小时。维真的航班已经开始办理登机手续了，办托运的时候发现行李超重，只好把其中一件带进机舱了。没等多久，维真该过安检了，两人约好随时微信联系，互相道别，祝对方一路平安。

不如 bùrú 동 ~만 못하다 2급	划算 huásuàn 동 수지에 맞다 7~9급	具体 jùtǐ 형 구체적이다 3급
希望 xīwàng 동 희망하다 3급	约 yuē 동 약속하다 3급	互相 hùxiāng 부 서로 3급
道别 dàobié 동 작별 인사를 하다	对方 duìfāng 명 상대방 3급	

Shíjiān guò de zhēn kuài, yǎnkàn Dàwèi hé Wéizhēn jiù yào huíguó le. Zhēn qiǎo, tāmen liǎ dìng de dōu shì xià zhōuyī de jīpiào. Dàwèi wèn Wéizhēn yuàn bu yuànyì gēn tā yìqǐ dǎchē qù jīchǎng. Wéizhēn shuō dāngrán yuànyì. Yīnwèi tā juéde yí ge rén dǎchē qù bùrú liǎng ge rén dǎchē qù huásuàn. Shāntián yě yào huíguó le, dàn hái bù zhīdào jùtǐ shì shénme shíhou, yīnwèi tā de fùmǔ lái le, huíguó qián tāmen dǎsuàn zài Zhōngguó wánr jǐ tiān. Yīlìshā shěbude tāmen zǒu, tā xīwàng dàjiā líkāi qián zài jù yi jù, tòngkuài de wánr yì chǎng. Hěn kuài jiù dào zhōuyī le, Dàwèi hé Wéizhēn yìqǐ dǎchē dào le jīchǎng. Dàwèi shì xiàwǔ sì diǎn de fēijī, hái yào děng yí ge duō xiǎoshí. Wéizhēn de hángbān yǐjīng kāishǐ bànlǐ dēngjī shǒuxù le, bàn tuōyùn de shíhou fāxiàn xíngli chāozhòng, zhǐhǎo bǎ qízhōng yí jiàn dài jìn jīcāng le. Méi děng duōjiǔ, Wéizhēn gāi guò ānjiǎn le, liǎng rén yuē hǎo suíshí wēixìn liánxì, hùxiāng dàobié, zhù duìfāng yílù píng'ān.

교체연습

01 维真 愿意 跟大卫一起打车去机场。

我	嫁给他
他	陪在你身边
朋友不太	帮我这个忙

嫁 jià 동 시집가다 7~9급
身边 shēnbiān 명 신변, ~곁 2급

02 周末伊莉莎跟山田 请 我们 吃饭。

妈妈	让	哥哥	早点儿回家
他	叫	你	快点儿过来
朋友	不让	我	把这件事告诉别人

让 ràng 동 ~하게 하다 2급

03 一个人打车去 不如 两个人一起打车去 划算。

上街买	在网上买	省时间
在家里睡觉	跟朋友一起打羽毛球	有意思
我的开车技术	他的	好

上街 shàngjiē 동 거리로 나가다
开车 kāichē 동 운전하다 1급
技术 jìshù 명 기술 3급

NEW 점프! 대학중국어

어법 포인트

1 조동사 '愿意'

- '~하기를 바라다(원하다)'는 의미의 조동사로, '想'보다는 바람의 정도가 더 강하고, 부정형은 '不愿意'이다.

我愿意去中国出差。 ‖ 我不愿意去中国出差。
小王愿意跟他见面。 ‖ 小王不愿意跟他见面。
(긍정) (부정)

出差 chūchāi 명 동 출장(가다) 5급

- 단독으로 술어 역할을 하기도 한다.

如果你愿意的话，我们叫车一起去机场吧。

바로 확인하기

괄호 안의 단어를 이용하여 제시된 우리말을 중국어로 바꿔 보세요.

① 그는 친구와 함께 살기를 원합니다. (住，在一起)

→ ______________________________

② 나는 여기서 일하기를 원치 않습니다. (这儿，工作)

→ ______________________________

2 겸어문

- '~에게 ~하게 하다(시키다)'의 의미를 가진 구문으로, 기본 어순은 [주어+술어1+목적어(겸어)+술어2]이다. 이때 '목적어(겸어)'는 뒤에 오는 술어의 주어 역할도 겸하기 때문에 겸어문이라고 한다. 겸어문에 출현하는 겸어동사로는 '请', '让', '叫' 등이 있다.

周末她跟山田请我们吃饭。
妈妈经常让我做家务。
老师叫我过去一下 。

家务 jiāwù 명 집안일 4급

바로 확인하기

어순에 맞게 배열하여 문장을 완성하세요.

① 小李/他/我/个/让/帮/忙 → ______________________

② 请/王老师/我/吃/想/饭 → ______________________

③ 爸爸/赶紧/叫/你/回来 → ______________________

3 'A不如B'

- 비교구문 중 하나로 'A는 B만 못하다'의 의미를 나타낸다.

百闻不如一见。
我的中文不如他。

- 확장형: A+不如+B+형용사/동사(구)

我的中文不如他好。
在家看电视不如逛街有意思。

(비교) '比'자문의 부정형인 'A+没有+B+형용사' 구문은 'A는 B만큼 ~하지 않다'는 의미로, A+不如+B+형용사/동사(구)와 유사한 의미를 지닌다. 단, 이 구문은 B 뒤에 형용사/동사(구)를 생략할 수 없다.

在家看电视不如逛街有意思。 → 在家看电视不如逛街。
在家看电视没有逛街有意思。 → 在家看电视没有逛街。 (×)

逛街 guàngjiē 동 아이쇼핑하다

바로 확인하기

괄호 안의 단어를 이용하여 제시된 우리말을 중국어로 바꿔 보세요.

① 늦게 가는 것은 일찍 가는 것만 못하다. (不如)

→ ____________________

② 오늘 날씨가 좋기는 한데, 어제만 못하다. (不如)

→ ____________________

③ 이것은 저것만큼 비싸지 않다. (没有)

→ ____________________

④ 오늘 숙제는 어제만큼 많지 않다. (没有)

→ ____________________

연습문제

Track 60

1 녹음과 일치하는 문장에 ○, 일치하지 않는 문장에 ×를 표시하세요.

① 大卫是下午四点的飞机，还要等一个小时。（ ）

② 维真的航班已经开始办理登机手续了。（ ）

③ 大卫办托运的时候发现行李超重，只好把其中一件带进机舱了。（ ）

2 녹음을 듣고 질문에 알맞은 대답을 고르세요.

① A: 下星期一 B: 下星期四 C: 下星期二

② A: 下周一 B: 下周三 C: 下周二

③ A: 跟朋友在中国玩儿几天 B: 跟家人在中国玩儿几天 C: 跟妈妈在中国玩儿几天

3 본문을 참고하여 질문에 대답해 보세요.

① 维真订了几号的飞机？大卫呢？

② 回国之前，山田打算做什么？

③ 他们回国前有没有再见面的机会？如果有的话，他们有什么安排？

④ 大卫坐几点的航班？办完登机手续了吗？

핵심문장

- 如果你愿意的话，我们叫辆车一起去机场吧。
- 伊莉莎说周末她跟山田请我们吃饭。
- 因为她觉得一个人打车去不如两个人打车去划算。
- 时间差不多了，我该过安检了。
- 你也一路平安！后会有期！

회화, 단문연습 해석

제1과

회화 1

룸메이트: 유진아, 무슨 일로 그렇게 바쁘니?
유진: 곧 개학이라서 이제 막 수강신청했어. 수강신청했니?
룸메이트: 아직 안 했어. 이번 학기에 몇 과목 신청했어?
유진: 네 과목 신청했어.
룸메이트: 무슨 과목 신청했어?
유진: 듣기, 회화, 독해하고 작문.
룸메이트: 수강신청 언제까지야?
유진: 이번 주 금요일까지야. 너도 어서 서둘러.
룸메이트: 그래. 지금 당장 해야겠어.

회화 2

데이비드: 학교에 동아리가 많다던데, 우리 같이 가입 신청하자.
유진: 좋아. 무슨 동아리가 있니?
데이비드: 배드민턴, 댄스, 서예, 영상편집 같은 동아리가 있어. 너는 어느 동아리가 마음에 드니?
유진: 촬영이 인기가 좋던데, 우리 영상편집 동아리 신청하자.
데이비드: 지금 인터넷에서 찾아보니까 아쉽게도 영상편집 동아리는 벌써 신청이 마감되었어.
유진: 그럼 우리 배드민턴 동아리 신청하는 게 어때?
데이비드: 좋아. 야마다도 운동을 좋아하니까 같이 신청하자고 하자.
유진: 좋은 생각이야. 지금 야마다한테 위챗으로 알려줄게.

단문연습

곧 개학이다. 유진이는 이번 학기에 네 과목을 신청했지만, 룸메이트는 아직 수강신청을 하지 않았다. 유진이는 룸메이트에게 이번 주 금요일에 수강신청이 끝나니까 서둘러 신청하라고 알려 주었다. 며칠 후 개학을 했고 유진이는 캠퍼스에서 데이비드를 만났다. 데이비드는 유진이한테 학교에 배드민턴, 서예, 영상편집 같은 많은 동아리가 있다고 알려 주고 함께 동아리에 들자고 제안했다. 처음에 그들은 영상편집 동아리를 신청하려고 했지만 찾아보니까 영상편집 동아리는 벌써 신청이 마감된 것을 알게 되었다. 그래서 하는 수 없이 배드민턴 동아리를 신청하게 되었다. 야마다도 운동을 좋아해서 유진이는 야마다에게 함께 배드민턴 동아리에 들자고 위챗을 보냈다.

제2과

회화 1

유진: 안녕! 난 김유진이야. 신입생이지?
엘리사: 안녕! 이번 학기에 새로 왔어. 엘리사라고 해.
유진: 와, 중국어 참 잘하네, 어느 나라에서 왔니?
엘리사: 우간다에서 왔어. 너는 한국인이지?
유진: 어떻게 안 거야?
엘리사: 한국 드라마를 아주 좋아하는데, 네가 드라마 연기자와 많이 닮았어.
유진: 네가 한국 드라마를 좋아할 줄 몰랐네.
엘리사: 요즘 아프리카 사람들도 인터넷으로 한국 드라마를 많이 봐.

회화 2

엘리사: 유진아, 나 좀 도와줄래?
유진: 물론이지. 무슨 일이야?
엘리사: 아직 휴대폰도 없고, 어떻게 개통하는지도 몰라.
유진: 그래? 우선 휴대폰을 사고 휴대폰 유심카드를 신청해야 해. 오후에 같이 가 줄게. 아 맞다, 여권 챙기는 거 잊지 마.

(영업점에서)
점원: 어서 오세요!
엘리사: 안녕하세요! 휴대폰 개통하려고 하는데요.
점원: 신분증 좀 보여 주세요. 이건 신청서인데요, 작성해 주세요.
엘리사: 유진아, 결제는 보통 어떻게 해?
유진: 대부분 위챗페이를 사용해.
엘리사: 그럼 나도 위챗페이로 할게. 저기요, 신청서 다 작성했는데, 이렇게 하면 되나요?
점원: 네네, 모두 됐네요, 이렇게 하면 됐어요. 바로 처리해 드릴게요.

단문연습

엘리사는 우간다 사람으로 이번 학기에 새로 왔는데 중국어를 아주 잘한다. 그녀는 한국 드라마를 좋아해서 개학 첫날 유진이가 한국인이라는 것을 한눈에 알아보았다. 엘리사는 아직 휴대폰도 없고 어떻게 개통하는지도 몰라서 유진이에게 도와줄 수 있는지 물었다. 유진이는 오후에 우선 함께 휴대폰을 사고, 그러고 나서 휴대폰 유심카드를 신청하러 가자고 했다. 유진이는 엘리사에게 휴대폰 개통 때 필요하니까 여권 챙기는 걸 잊지 말라고 알려 주었다. 유진이와 엘리사는 오후에 영업점에 갔다. 엘리사는 신청서를 작성하면서, 사람들이 많이 사용하는 위챗페이 결제 방식을 선택했다.

제3과

회화 1

종업원: 어서 오세요! 몇 분이세요?
데이비드: 두 명이에요.
종업원: 저를 따라오세요. 두 분 여기에 앉으세요.
데이비드: 메뉴판 좀 보여 주세요.
종업원: 우리 식당은 모바일 스캔으로 주문을 합니다. 휴대폰으로 여기 QR코드를 스캔하시면 됩니다.
데이비드: 한번 해 볼게요. 이렇게 하면 되나요?
종업원: 네네, 두 분께서 드시고 싶은 것을 여기에서 주문하시면 됩니다. 천천히 골라 보시고 필요하신 게 있으면 언제든지 저를 불러 주세요.
데이비드: 고마워요. 모바일 스캔 주문은 해 본 적이 없어서 좀 익숙하지가 않네요. 하하……

회화 2

데이비드: 야마다, 메뉴 좀 봐 봐. 뭐 좀 먹을래?
야마다: 우리 요리 네 개 시키는 게 어때?
데이비드: 여기 요리 양이 많다고 하던데 네 개는 좀 많아. 우선 세 개 시키고 부족하면 더 시키자.
야마다: 좋아. 여기 봐, 이 집 대표 요리가 '라조기'네. 한번 맛보자, 분명히 맛있을 거야.
데이비드: 좋아, '꿔바로우'도 먹고 싶은데, 어때?
야마다: 좋지. 고기 요리를 두 개 시켰으니까 '토마토 달걀 볶음' 하나 더 시키면 되겠어.
데이비드: 그럼 우리 주식은 뭐로 할까?
야마다: 공기밥 두 그릇으로 하자. 충분하겠지?
데이비드: 충분해. 이렇게 주문하자.

단문연습

데이비드와 야마다는 식당에 갔다. 데이비드는 종업원에게 메뉴판이 있는지 물었고, 종업원은 이 식당은 모바일 스캔으로 주문을 한다고 하였다. 휴대폰으로 식당 QR코드를 스캔하면 메뉴를 볼 수 있고 먹고 싶은 음식을 바로 주문하면 된다고 했다. 데이비드는 모바일 스캔으로 주문해 본 적이 없어서 좀 익숙하지 않다고 했다. 데이비드와 야마다는 메뉴를 살펴보았고, 야마다는 둘이서 요리 네 개를 시키자고 제안했다. 하지만 데이비드가 이 식당은 요리 양이 많다고 해서 그들은 우선 라조기, 꿔바로우, 토마토 달걀 볶음, 이렇게 고기 요리 둘과 채소 요리 하나 모두 세 가지 요리를 시키기로 했다. 마지막으로 주식은 공기밥 두 개를 시켰다.

제4과

회화 1

유진: 단오절에 사흘 동안 쉬던데 어떻게 보내면 좋을까?
야마다: 유학생 단톡방을 보니까, 단오절에 학교에서 몇 가지 행사를 마련한다고 해.
유진: 어떤 행사들이 있어?
야마다: 만리장성 원데이 투어랑 쫑즈 만들기가 있대.
유진: 그럼 우리도 참가 신청하자. 어느 걸 신청하는 게 좋을까?
데이비드: 마침 기분 전환하러 나가고 싶었는데, 만리장성에 가도록 하자.
유진: 그런데 나는 중국 쫑즈를 맛보고 싶기도 한데.
야마다: 그건 걱정 마. 단오절날 학교 국제부에서 유학생들한테 쫑즈를 하나씩 나눠 줄 거래.
데이비드: 그럼 됐네. 만리장성 투어는 어떻게 신청해?
야마다: 단톡방 링크를 누르면 돼.

회화 2

(만리장성을 내려온 후 식당에서)
데이비드: "만리장성을 오르지 않으면 대장부가 아니다"라고 하더니만, 중국 사람들이 왜 이렇게 말하는지를 이제 알겠더라.
야마다: 맞아. 만리장성이 이렇게 장관일 줄 생각지 못했어.
엘리사: 이번 단오절은 참 의미 있게 보냈어. 단오절 말고 또 어떤 중국 전통 명절이 있니?
야마다: 설, 정월대보름, 추석 등이 있는데 모두 아주 떠들썩해.
데이비드: 맞아, 올해 설날을 중국 친구 집에서 보냈는데, 즐겁게 한데 모여서 떠들썩한 게 아주 재미있었어.
엘리사: 그래? 내년 설이 정말 기대돼.
데이비드: 아이구, 다들 떠나고 우리만 남았네.
야마다: 우리도 출발해야겠어. 얼른 차 타자.

단문연습

단오절에 사흘 동안 쉬는데, 학교에서는 만리장성 원데이 투어와 쫑즈 만들기 행사를 마련해 놓고 두 가지 활동 가운데 한 가지를 선택할 수 있도록 했다. 데이비드는 마침 기분 전환하러 밖으로 나가고 싶었기 때문에 만리장성 원데이 투어가 더 좋겠다고 생각했다. 유진이는 만리장성에도 가고 싶고 중국 쫑즈 맛도 보고 싶었다. 야마다는 유진이에게 단오절날 국제부에서 유학생들에게 쫑즈를 하나씩 나눠 주니까 걱정 말라고 했다. 그래서 결국 그들은 함께 만리장성 원데이 투어를 신청하기로 결정했다. 얼마 후 모두가 기다리던 만리장성 원데이 투어 날이 되었다. 하루 종일 만리장성을 올랐지만 모두 다 피곤함을 조금도 느끼지 않았고, 만리장성이 아주 장관이라고 감탄하면서 이번 단오절을 매우 의미 있게 보낸다고 생각했다. 사실 중국에서는 단오절 말고도 설, 정월대보름, 추석 같은 명절도 아주 떠들썩하다. 데이비드는 올해 설날을 중국 친구 집에서 쇠었는데 여러 사람들이 함께 모여서 떠들썩한 게 아주 재미있었다고 했다. 그래서 엘리사는 내년 설을 매우 기대하고 있다.

제5과

회화 1

유진: 다음 주면 곧 중간고사인데 준비 다 했니?
엘리사: 말도 마. 아직 시작도 못 했어.
유진: 왜 그래?
엘리사: 며칠 전에 여권을 잃어버려서 이 일로 정신없이 바빴거든. 넌 어때? 시험 준비 거의 다 했겠네?
유진: 듣기, 회화, 독해는 별문제 없는데 작문이 좀 어려워서 아직 복습 중이야.
엘리사: 나도 작문이 어렵다고 생각하는데 나한테는 독해도 쉽지 않아.
유진: 시험까지 아직 한 주가 남았으니까 서둘러서 잘 복습하자.
엘리사: 그래, 같이 힘내자!

회화 2

유진: 드디어 시험이 끝났네! 우리 스트레스 좀 풀러 가는 게 어때?
엘리사: 이번 시험을 망쳐 버렸는데, 내가 나가 놀 마음이 어디 있겠니?
유진: 너무 속상해하지 마, 기말고사가 남아 있잖아.
엘리사: 사실은 말이야, 나 혼자 공부하는 게 힘에 부쳐서, 과외 선생님을 구해야 할 것 같아.
유진: 과외 선생님을 찾아보는 것도 좋은데, 다만 과외 수업료가 좀 비싸. 요즘 다들 인터넷 강의를 즐겨 [illegible].
엘리사: 인터넷 강의? 그거 괜찮은 생각이네. 시간도 아끼고 돈도 아끼고.
유진: 인터넷 강의 몇 곳을 아는데, 알려 줄까?
엘리사: 너무 잘됐다. 링크 좀 보내 줘.

단문연습

다음 주가 중간고사라서 유진이는 복습을 하고 있다. 유진이에게는 듣기, 회화, 독해는 별문제가 없지만 작문이 좀 어렵다. 엘리사는 아직 시험 준비를 시작하지 못했는데, 왜냐면 며칠 전에 여권을 잃어버려 요즘 줄곧 바빴기 때문이다. 그런데 그녀도 서둘러 복습을 충실히 해야 했다. 그녀에게는 작문도 어렵지만 독해는 더 어렵다. 시간은 빠르게 흘러 눈 깜짝하는 사이에 중간고사가 끝났다. 유진이는 엘리사와 스트레스 풀러 가고 싶었지만 엘리사는 시험을 망쳐서 나가 놀 기분이 아니었다. 엘리사는 혼자 공부하는 게 힘에 부쳐서 과외 선생님을 구하고 싶다고 했다. 유진이는 과외 선생님은 비용이 너무 많이 들기 때문에 인터넷 강의 수강을 제안했다. 엘리사는 그 말을 듣고서 인터넷 강의가 시간과 돈을 아낄 수 있어서 아주 좋다고 생각했다.

제6과

회화 1

데이비드: 정오가 다 됐는데 왜 아직 안 일어나?
야마다: 두통에다 목도 아프고 계속 기침이 나고 온몸에 오한이 나.
데이비드: 감기 걸린 거 아냐? 요즘 감기가 꽤 유행이더라.
야마다: 그런 거 같아. 어제 기숙사로 돌아오는 길에 비를 맞고 나서 오늘 이른 아침부터 아프기 시작했어.
데이비드: 약은 먹었니?
야마다: 먹긴 했는데 효과가 없어.
데이비드: 그럼 병원에 가 보는 게 좋겠다. 내가 차를 불러서 같이 가 줄게.
야마다: 미안해, 데이비드. 수고 좀 해 줘.
데이비드: 친구 간에 뭘 그래!

회화 2

의사: 어디가 아프세요?
야마다: 두통에다 목도 많이 아프고 계속 기침이 나고 온몸에 오한이 나요.
의사: 언제부터 그랬어요?
야마다: 오늘 아침부터요.
의 사: 입 벌려 보세요. 봅시다, 아—, 목에 염증이 좀 있네요. 자, 체온 좀 재 볼게요. 38.5도군요.
야마다: 선생님, 심한가요? 주사 맞아야 하나요?
의사: 지금 열이 높으니까 주사 한 대 맞읍시다. 사흘치 [illegible] 너무 걱정하진 말고요. 시간 맞춰 약 먹고 잘 쉬면 나을 거예요.
야마다: 감사합니다, 선생님.

단문연습

벌써 정오인데 왜 아직 일어나지 않냐고 데이비드가 야마다에게 물었다. 야마다는 어제 기숙사로 돌아오는 길에 비를 맞아서 오늘 이른 아침부터 아프기 시작했고 아마도 감기에 걸린 것 같다고 말했다. 야마다는 머리

와 목이 아픈 데다 계속 기침이 나고 온몸에 오한이 났다. 이미 약은 먹었지만 효과가 없었다. 그래서 데이비드는 차를 불러서 같이 병원에 가기로 했다. 병원에 도착해서 의사가 진찰한 후에, 야마다 목에 염증이 좀 있어서 고열이 나는데 주사를 한 대 맞아야 한다고 했다. 그러고 나서 의사는 야마다에게 사흘치 약을 처방해 주었고, 걱정하지 말고 시간 맞춰 약을 먹고 잘 쉬면 나을 거라고 알려 주었다.

제7과

회화 1

엘리사: 유진아, 수업 마치고 주로 뭐 해?
유진: 숙제가 있을 때는 숙제하고, 숙제가 없으면 동영상 챙겨 봐.
엘리사: 중국에 온 지 얼마 안 돼서 지금 중국 애들이 무슨 동영상을 즐겨 보는지 모르겠어.
유진: 요즘은 틱톡을 많이 하지.
엘리사: 틱톡은 나도 알아, 우간다에서 해 본 적이 있어.
유진: 그리고 요즘은 샤오홍슈를 하는 사람들이 나날이 늘고 있어. 너도 한번 해 봐.
엘리사: 샤오홍슈? 첨 들어 보는데.
유진: 맞아. 위챗 모멘트도 애들이 많이 즐겨하더라.
엘리사: 와, 중국 애들이 사용하는 SNS가 아주 다양하네.

회화 2

야마다: 디저트 나왔어, 어서 먹자.
유진: 잠깐! 이 집 디저트 예뻐서 몇 개 더 시키고 싶어.
야마다: 그렇게 많이 시켜서 다 먹을 수 있니?
유진: 괜찮아, 다 못 먹으면 포장해서 가지고 가면 돼. 내가 사진을 찍고 싶어서 그래.
야마다: 사진 찍어서 뭐 하게?
유진: 너 모르고 있었어? 나 최근에 1인 미디어 시작했어.
야마다: 그래? 너 할 줄 알아? 어렵지 않아?
유진: 처음 시작할 때는 모르는 게 많았지만, 주변 친구들에게 물어보고서는 다 할 줄 알게 됐어.
야마다: 그렇구나. 네 말을 들으니까 나도 관심이 생기네. 앞으로 시간이 날 때 나도 좀 가르쳐 줘.

단문연습

엘리사는 막 중국에 와서 지금 중국 젊은이들이 무슨 동영상을 즐겨 보는지 몰랐다. 유진이는 지금 많은 사람들이 틱톡을 하지 않으면 샤오홍슈를 하고 있고 위챗 모멘트 같은 것들도 한다고 알려 주었다. 엘리사는 예전에 틱톡을 해 본 적이 있지만 샤오홍슈는 들어 본 적이 없다고 했다. 유진이는 요즘 1인 미디어를 시작해서 예쁜 것만 보면 사진을 찍는다. 한번은 유진이와 야마다가 디저트 가게에 들렀는데 유진이는 그 가게 디저트가 예쁜 것을 보고 연이어 몇 개를 시켰다. 야마다는 다 먹지 못할 것을 걱정했고 유진이는 다 못 먹으면 포장하면 된다고 했다. 그리고 유진이는 야마다에게 요즘 1인 미디어를 하고 있다는 것을 알려 주었다. 깜짝 놀란 야마다는 유진이에게 1인 미디어가 어렵지 않은지 물었다. 유진이는 처음 시작할 때는 어려웠지만 주변 친구들이 도와줘서 금방 할 줄 알게 되었다고 했다. 야마다는 그 말을 듣고서 유진이한테 1인 미디어를 배우고 싶어졌다.

제8과

회화 1

야마다: 중국 유학 생활이 다 끝나 가는데, 귀국 전에 무슨 계획이 있니?
데이비드: 나는 시안에 다녀올 계획이야.
야마다: 아, 병마용이 시안에 있지 않니? 예전부터 가 보고 싶었는데, 나도 같이 갈 수 있을까?
데이비드: 당연히 되지.
야마다: 언제 갈 계획이야?
데이비드: 아직 정하지 못했어.
야마다: 그럼 기말고사 마치자마자 출발하는 게 어때?
데이비드: 그러면 좋기는 한데, 시험 마치고 수료 수속을 해야 돼.
야마다: 맞네, 하마터면 잊을 뻔했다.
데이비드: 수속 마치고 출발하기로 하자.

회화 2

데이비드: 야마다, 여기 와 봐. 여름방학은 여행 성수기여서 표를 일찍 예매해야 해.
야마다: 어떻게 가지? 기차로 가, 아니면 비행기로 가?
데이비드: 기차 타고 가도록 하자. 기차에서는 중국 사람들과 교류할 수도 있고.
야마다: 그거 참 좋은 생각이야. 그럼 인터넷으로 예매하자. 기차표, 호텔도 예매할 수 있어.
데이비드: 여기 봐, 낮 시간대 표는 모두 매진되었어.
야마다: 괜찮아, 야간 표를 사면 되지.
데이비드: 맞다. 돌아오는 길에 뤄양도 둘러보자. 다들 한번 가 볼 만한 곳이라고 해.
야마다: 좋은 생각이야. 시안과 뤄양 모두 중국의 고도인데, 한꺼번에 두 곳을 갈 수 있으면 정말 일거양득이지.

단문연습

데이비드는 중국 유학 생활이 다 끝나 가고 있다. 그는 귀국 전에 시안을 다녀올 계획이다. 그 말을 들은 야마다도 함께 시안에 가서 병마용을 보고 싶어했다. 데이비드는 흔쾌히 함께 가자고 했다. 야마다는 기말고사가 끝나고 바로 출발하자고 제안했지만 데이비드는 시험을 마치고 수료 수속을 해야 하기 때문에 수속을 마치고 떠나자고 했다. 여름방학은 여행 성수기라서 표를 일찍 예매해야 했다. 데이비드는 기차를 타고 가고 싶었는데, 기차에서는 중국 사람들과 이야기를 나눌 수 있기 때문이다. 야마다도 그 아이디어가 좋다고 생각했다. 그들은 인터넷을 찾아보았는데 낮 시간대 표는 이미 다 팔려서 야간 표를 살 수밖에 없었다. 데이비드는 갑자기 뤄양도 한번 가 볼 만하다는 생각이 들어서 돌아오는 길에 뤄양도 둘러보자고 제안했다. 야마다는 이렇게 하면 시안과 뤄양 두 고도를 동시에 갈 수 있어서 정말 일거양득의 좋은 아이디어라고 생각했다.

제9과

회화 1

프런트: 안녕하세요! 어서 오세요! 예약하셨습니까?
야마다: 인터넷에서 야마다 혼이치 명의로 스탠더드 룸 하나를 예약했어요.
프런트: 잠시 기다려 주세요. 확인해 보겠습니다.
야마다: 네.
프런트: 예약하신 정보는 확인했습니다. 신분증 좀 보여 주세요.
야마다: 여기 있어요.
프런트: 숙박비는 이미 다 지불하셨으니까, 보증금 500위안을 더 내시면 됩니다.
야마다: 보증금도 내야 하나요?
프런트: 호텔 규정에 따르면, 투숙객은 모두 보증금을 내셔야 하고 체크아웃하실 때 돌려드립니다.
야마다: 그렇군요.
프런트: 다 됐습니다, 수속 다 마쳤습니다. 이건 객실 카드키이고, 1314호 객실입니다. 왼쪽 엘리베이터를 타고 올라가시면 됩니다.
야마다: 고맙습니다. 오늘 정말 피곤하네요. 어서 올라가서 쉬어야겠어요.

회화 2

데이비드: 오늘 우리 병마용하고 대안탑 가야 하는데, 지금 출발하지 않으면 늦을 거야.
야마다: 알았어. 어떻게 가야 하지?
데이비드: 지도 앱으로 찾아보면 돼. 여행 노선이 나와 있어.
야마다: 그럼 내가 볼게. 지도를 보니까 먼저 병마용부터 가고 대안탑을 가는 게 좋겠어.

(병마용에 도착한 후)

데이비드: 아, 백문이 불여일견이네! 드디어 눈으로 직접 병마용을 보게 되었어!
야마다: 그러게. 봐 봐, 병마용 표정이랑 자세가 전부 달라.
데이비드: 맞아. 너 흉내 좀 내 봐. 내가 사진 몇 장 찍어 줄게.
야마다: 병마용도 봤고, 사진도 찍었으니, 이제 우리 대안탑으로 가자.
데이비드: 반나절이나 돌아다녔으니까 우리 우선 앉아서 좀 쉬도록 하자.
야마다: 그래, 그러자. 데이비드, 대안탑은 무슨 볼거리가 있지?
데이비드: 대안탑은 당나라 때 불경을 보관하던 곳이야. 탑 정상에 오르면 장안성 전체를 한눈에 볼 수 있어.
야마다: 멋지게 들리네. 이따 도착해서 꼭 올라가 봐야겠어.

단문연습

야마다와 데이비드는 호텔 프런트에서 체크인 수속을 하고 있다. 프런트 직원은 야마다 혼이치 명의로 스탠더드 룸 하나가 예약되어 있고 숙박비 전액이 이미 지불된 것을 확인했다. 호텔 규정에 따라 보증금 500위안을 더 내야 하고 보증금은 체크아웃할 때 돌려받는다. 둘은 너무 피곤해서 수속을 마치자마자 곧장 방으로 가서 쉬었다. 다음 날 그들은 일찍 일어났다. 야마다는 지도 앱으로 여행 노선을 찾아보고 먼저 병마용을 갔다가 대안탑을 가기로 결정했다. 병마용에 도착한 후에 그들은 기쁘고 신이 나서 병마용의 표정과 자세를 흉내 내면서 사진을 많이 찍었다. 반나절이나 돌아다닌 후 데이비드는 앉아서 쉬었다가 대안탑으로 가자고 제안했다. 야마다는 대안탑에 무슨 볼거리가 있는지 몰랐다. 데이비드는 대안탑은 고대 시안의 상징으로, 탑 정상에 오르면 장안성 전체를 한눈에 볼 수 있다고 알려주었다. 야마다는 그 말을 듣고서 좋아하며 잠시 후 대안탑에 도착하면 반드시 올라가 보겠다고 말했다.

제10과

회화 1

유진: 시간 정말 빠르다! 이제 우리 곧 귀국이네.
데이비드: 그러게 말이야. 며칠 비행기로 예약했어?
유진: 다음 주 월요일이야. 너는?
데이비드: 나도 마침 다음 주 월요일 비행기야. 괜찮으면 우리 한 차로 같이 공항에 가자.
유진: 좋아. 아, 맞다. 야마다는 언제 귀국해?
데이비드: 아직 몰라. 며칠 전에 야마다 부모님께서 오셨는데, 귀국 전에 부모님이랑 며칠간 중국 여행을 할 거랬어.
유진: 네 말대로라면 귀국 전에 어쩌면 야마다 볼 기회가 없을 수도 있겠구나.

데이비드: 아니야. 엘리사가 주말에 야마다랑 같이 우리한테 한턱 낼 거라고 하던데.
유진: 마지막 회식이네. 잘 먹고 마시고 한번 제대로 신나게 놀아 보자.
데이비드: 당연하지.

회화 2

데이비드: 탑승 수속 다 마쳤니?
유진: 마쳤어.
데이비드: 그런데 이 짐은 왜 안 부쳤어?
유진: 중량 초과여서 비행기에 가지고 탈 수밖에 없어.
데이비드: 그래? 내 짐도 아마 중량 초과일 거야. 무게를 한번 달아 봐야겠어.
유진: 너는 오후 4시 비행기라서 수속 아직 시작하지 않았지?
데이비드: 응, 한 시간 넘게 더 기다려야 해. 너 떠나고 나서 수속해도 시간이 충분해.
유진: 시간 거의 다 됐다. 들어가야겠어. 참 헤어지기 싫네. 나 잊으면 안 돼!
데이비드: 그럴 리가. 언제든지 위챗으로 연락하자. 잘 가!
유진: 너도 잘 가! 다음에 또 만나!
데이비드: 다음에 또 만나!

단문연습

시간이 정말 빠르게 지나가서 데이비드와 유진이가 곧 귀국할 예정이다. 신기하게도 그들 둘은 모두 다음 주 월요일 비행기를 예약해 놓았다. 데이비드는 유진이에게 차 한 대로 같이 공항에 가는 게 어떤지 물었다. 유진이는 당연히 좋다고 했다. 왜냐하면 유진이는 혼자 가는 것이 둘이 차 한 대로 가는 것만큼 수지에 맞지 않다고 생각했기 때문이다. 야마다도 곧 귀국하지만 정확히 언제 돌아갈지는 아직 모른다. 왜냐하면 야마다 부모님께서 오셔서 귀국 전 며칠 동안 중국을 여행할 계획이기 때문이다. 엘리사는 그들이 떠나는 것이 못내 아쉬워서 떠나기 전에 함께 모여서 한번 신나게 놀기를 바랐다. 금방 월요일이 되었고 데이비드와 유진이는 함께 차를 타고 공항에 갔다. 데이비드는 오후 4시 비행기라서 아직 한 시간 넘게 더 기다려야 했다. 유진이의 비행기는 이미 탑승 수속을 시작했다. 짐을 부칠 때 중량 초과로 하는 수 없이 짐 하나를 기내에 가지고 타야 했다. 잠시 후 유진이는 보안검색 구역으로 들어가야 했고 두 사람은 위챗으로 자주 연락하기로 약속하고 서로 잘 가라는 인사를 나누었다.

모범답안

① 这学期维真选了几门课?
② 听力、会话、阅读以外，维真还选了什么课?
③ 他们选课什么时候结束?

↳ 정답: ① A ② A ③ C

제1과

어법포인트 _22

1. ① 错
   ② 完

2. ① 选了五门课。
   ② 看了一部电影。

3. ① 上个星期她没看完那本书。
   ② 我没喝咖啡。
   ③ 他们没在挑衣服。

연습문제 _24

1. 녹음 维真的学校有很多社团，比如羽毛球社、游泳社、书法社、摄影剪辑社等等。其中，摄影剪辑社很受欢迎，维真建议大卫一起报名参加。但看了通知后发现摄影剪辑社已经报完名了，他们只好报名参加羽毛球社。

↳ 정답: ① × ② ○ ③ ×

2. 녹음 **山田**: 维真，你忙什么呢?
维真: 马上就要开学了，我刚选完课。你选了吗?
山田: 还没呢。这学期你选了几门课?
维真: 四门。
山田: 都选了什么课?
维真: 听力、会话、阅读和语法。
山田: 我们选课什么时候结束?
维真: 截止到这个星期三，你也赶紧吧。
山田: 好的。我这就去选。

제2과

어법포인트 _34

1. ① 什么时候
   ② 在网上
   ③ 我朋友
   ④ 坐车

2. ① 她汉字写得很好。
   ② 弟弟打球打得不错。
   ③ 我英语说得不好。

3. ① 我们先吃饭再去买衣服吧。
   ② 我打算先去图书馆再回家。

연습문제 _37

1. 녹음 伊莉莎刚来中国，没有手机，也不知道怎么开通，她问维真能不能帮助她。维真说下午先陪她去买个手机，再一起去办手机卡。还告诉她去的时候不要忘了带护照，因为办理手机开通业务时要用。下午他们来到营业厅，伊莉莎填申请表时选择了大家一般使用的移动支付方式。

↳ 정답: ① ○ ② ○ ③ ×

2. 녹음 **维真**: 你好！我是金维真。你是新同学吧?
伊莉莎: 你好！我是这个学期新来的，叫伊莉莎。
维真: 哇，你汉语说得真不错。你是从哪个国家来的?
伊莉莎: 我是从乌干达来的。你呢?
维真: 我是韩国人。
伊莉莎: 真的?我对韩国电视剧非常感兴趣。
维真: 真没想到你也喜欢看韩剧。

① 伊莉莎汉语说得怎么样?
② 伊莉莎是从哪儿来的?
③ 伊莉莎对什么感兴趣?

↳ 정답: ① B ② C ③ A

제3과

어법포인트 _46

1. ① 有点儿 ‖ (一)点儿
   ② 有点儿
   ③ (一)点儿

2. ① 我没见过他的汉语老师。
   ② 弟弟没去过日本。
   ③ 他没来过我家。

3. ① 他穿的衣服不好看。 ‖ 他穿的衣服很难看。
   ② 中国歌不好听。 ‖ 中国歌真难听。
   ③ 现在机票不好买。 ‖ 现在机票很难买。

4. ① 他□一□下课☑回家□了。
   ② 爸爸☑有□空儿□就□看书。

연습문제 _49

1. 녹음 大卫和山田来到饭店。大卫问服务员有没有菜单，服务员说他们这儿扫码点餐，用手机一扫饭店的二维码就可以看到菜单，想吃什么在上面直接下单。大卫说他从来没扫码点过餐，有点儿不习惯。

   ↳ 정답: ① ○ ② × ③ ○

2. 녹음 **大卫**：山田，看看菜单，你想吃点儿什么?
   山田：你看，这儿的招牌菜是锅包肉。我们尝尝吧，肯定很好吃。
   大卫：好，我还想吃辣子鸡，你觉得怎么样?
   山田：行。我们点了两个荤菜，再来个西红柿炒鸡蛋就行了。
   大卫：那我们主食吃什么?
   山田：炒饭怎么样?
   大卫：好。

① 他们点了几个菜?
② 这家餐厅的招牌菜是什么?
③ 他们主食吃什么?

↳ 정답: ① B ② B ③ C

제4과

어법포인트 _58

1. ① 他去中国半个多月了。
   ② 我坐了五个小时车。
   ③ 小王学日语学了六个月了。
   ④ 他找了你三十分钟。

2. ① 会唱中国歌
   ② 会来吗
   ③ 会喜欢这本书

3. ① 除了他（以外），他哥哥也喜欢唱歌。
   ② 除了我（以外），他们都有手机。

4. ① 高高兴兴 ② 高高
   ③ 慢慢(儿) ④ 清清楚楚

5. ① 虽然想买
   ② 但是还是得了100分
   ③ 虽然她没来过首尔

연습문제 _63

1. 녹음 端午节休息四天，学校组织香山一日游和包粽子二选一活动。大卫正好想出去散散心，他觉得去香山更好。维真又想去香山，又想尝尝中国的粽子。山田告诉她，不用担心，端午节那天国际部会给每个留学生发粽子。所以最后他们决定一起报名去香山。

   ↳ 정답: ① × ② × ③ ○

2. 녹음 **伊莉莎:** 这次端午节过得很有意义。除了端午节以外，中国还有哪些传统节日？
大卫: 春节、元宵节、中秋节什么的，都很热闹。
今年春节我在中国老师家过的，大家欢聚一堂，热热闹闹的，真有意思。
伊莉莎: 是吗？我真期待明年的春节。

① 他们过了什么节日？
② 除了端午节以外，中国还有哪些传统节日？
③ 今年春节大卫在哪儿过的？

↳ 정답: ① B ② C ③ B

제5과

어법포인트 _72

1. ① 我已经把那本书看完了。
② 请把门关上。
③ 先把你的作业做完。

2. ① 下个月你不是去中国吗？ ‖ 你不是下个月去中国吗？
② 我没跟你说吗？

3. ① 你应该告诉他这件事。 ‖ 你应该把这件事告诉他。
② 你不应该这么说。
③ 他应该汉语说得很不错。 ‖ 他（的）汉语应该说得很不错。

4. ① 她的眼睛又大又圆。
② 这件衣服质量又好，价格又便宜。
③ 他又想去中国又想去美国。

연습문제 _75

1. 녹음 时间过得很快，一转眼，期中考试就结束了。维真想和伊莉莎出去放松放松，但伊莉莎考砸了，没有心情去玩儿。她说自己一个人学习太吃力了，想找个辅导老师。维真建议她听网课，因为找辅导老师的费用太高了。伊莉莎听了后也觉得网课不错，又省时间又省钱。

↳ 정답: ① × ② ○ ③ ×

2. 녹음 **维真:** 伊莉莎，下下个星期就要期中考试了。你准备好了吗？
伊莉莎: 别提了。还没开始呢。
维真: 怎么了？
伊莉莎: 前几天我把护照弄丢了。因为这件事，忙得团团转。
维真，你怎么样了？考试准备得差不多了吧？
维真: 听力、口语和阅读没什么问题，就是语法有点儿难，还在复习呢。
伊莉莎: 我也觉得语法很难。不过，对我来说阅读也不容易。

① 她们什么时候考期中考试？
② 前几天伊莉莎弄丢了什么东西？
③ 对维真来说，什么课有点儿难？

↳ 정답: ① A ② B ③ C

제6과

어법포인트 _84

1. ① 我的手机被小偷偷走了。
② 那杯水已经被喝光了。
③ 我的汉语书没被人借走。

2. ① 我吃过一次北京烤鸭。
② 他打了我一顿。
③ 他去过两次大邱。 ‖ 他去过大邱两次。

연습문제 _86

1. 녹음 都中午了，山田问大卫为什么还不起床。大卫说他可能感冒了，因为昨天上学的路上他被雨淋了，晚上就开始不舒服了。他的头和嗓子都很疼，还一直咳嗽，全身发冷。虽然

他已经吃过药了，不过不管用。所以山田决定叫辆车陪他一起去医院看看。

↳ 정답: ① ○ ② × ③ ○

2. ▶녹음 **医生**：你哪儿不舒服？
山田：我头和嗓子都疼得很，一直咳嗽，全身发冷。
医生：什么时候开始的？
山田：昨天晚上。
医生：张嘴，我看看，啊一，嗓子有点儿发炎了。来，量一量体温。三十九度。
山田：医生，严重吗？要打针吗？
医生：你正在发高烧，要打一针。再给你开三天的药，一天吃三次。

① 他们这是在哪儿对话？
② 感冒什么时候开始的？
③ 感冒药应该怎么吃？

↳ 정답: ① A ② B ③ C

제7과

어법포인트 _96

1. ① 天，天
② 个，个
③ 次，次

2. ① 做不完
② 吃得了
③ 买不起

3. ① 不是太咸就是太淡
② 不是下雨就是下雪
③ 不是看书就是看电视

연습문제 _98

1. ▶녹음 维真最近开始做自媒体了，所以一看见漂亮的东西就会马上拍照。有一次，维真和山田来到一家甜品店，她发现这家店的甜点很好看，就一连点了好几个。山田担心吃不完，维真说吃不完就打包，她主要是想多拍几张照片，因为她要做自媒体。

↳ 정답: ① × ② × ③ ○

2. ▶녹음 **伊莉莎**：维真，课后你一般做什么？
维真：有作业的时候做作业，没作业的时候刷视频。
伊莉莎：我刚到中国，不知道现在中国年轻人都刷什么视频。
维真：现在很多人都在玩儿小红书。
伊莉莎：我知道小红书，在我们那儿也玩儿过。
维真：还有，最近玩儿抖音的人一天比一天多，你也试试吧。
伊莉莎：抖音？我还是第一次听说。

① 课后没作业的时候，维真一般做什么？
② 伊莉莎为什么不知道现在中国年轻人都刷什么视频？
③ 最近玩儿什么的人一天比一天多？

↳ 정답: ① B ② C ③ A

제8과

어법포인트 _108

1. ① 好吃是好吃
② 冷是冷
③ 难是难

2. ① 你还是听网课吧。
② 你还是一个人来吧。
③ 还是明天再联系吧。

3. ① 下楼去
② 回家去
③ 走出学校

연습문제 _111

1. ▶녹음 大卫在中国的留学生活快要结束了，回国之前，他打算去西安走走。山田听说后，

也想一起去西安看看兵马俑，大卫很乐意。山田建议期末考试一结束就出发，但大卫说考完后得办理离校手续，手续办好后再出发。

↳ 정답: ① ○ ② × ③ ○

2. 녹음 **大卫**：山田，你过来一下。暑假是旅游旺季，我们得提前订票。

山田：大卫，我们怎么去呢？坐火车还是坐飞机？

大卫：还是坐飞机吧，又快又方便。

山田：那我们就上网订票吧。在网上可以订票、订酒店。

大卫：对了，回来的路上可以顺便去西安逛逛，大家都说那儿值得一去。

山田：好主意。

① 他们为什么得提前订票？
② 他们为什么坐飞机去？
③ 他们回来的路上可以顺便去哪儿逛逛？

↳ 정답: ① C ② B ③ A

제9과

어법포인트 _120

1. ① 你不用天天给我打电话。
② 得打一针。

2. ① 今晚爸爸买回来蛋糕了。‖ 今晚爸爸买回蛋糕来了。
② 他跑进房间去了。
③ 她们走出餐厅来了。

3. ① 他在椅子上坐着。
② 她笑着跟我说话。
③ 床上放着一件衣服。

연습문제 _123

1. 녹음 第二天，他们起得很早。山田用地图APP查了查出行路线，决定先去兵马俑，再去大雁塔。到了兵马俑，他们又激动又兴奋，模仿兵马俑的表情和姿势，拍了很多照片。逛了半天了，山田建议坐下来休息一会儿，休息好了就去大雁塔。山田不知道大雁塔有什么可看的。大卫告诉他大雁塔是古都西安的象征，登上塔顶，整个长安城尽收眼底。

↳ 정답: ① × ② × ③ ○

2. 녹음 **前台**：您的房费已全额支付，只需要再交300元的押金。

山田：还得付押金！

前台：按照我们酒店的规定，入住的客人都要付押金，退房时会退给您的。

山田：原来是这样。

前台：好了，您的手续办好了。这是您的房卡，房号是1316。您乘坐左边的电梯上去就可以了。

山田：谢谢。

① 他要交多少钱的押金？
② 押金什么时候退给他？
③ 他的房间号是多少？

↳ 정답: ① B ② A ③ C

제10과

어법포인트 _132

1. ① 他愿意和朋友住在一起。
② 我不愿意在这儿工作。

2. ① 小李让我帮他个忙。
② 我想请王老师吃饭。
③ 爸爸叫你赶紧回来。

3. ① 晚去不如早去（好）。
② 今天天气好是好，不过不如昨天。
③ 这个没有那个贵。
④ 今天的作业没有昨天多。

연습문제 _135

1. 녹음 很快就到周一了，大卫和维真一起打车到了机场。大卫是下午四点半的飞机，还要等一个半小时。维真的航班已经开始办理登机手续了，办托运的时候发现行李超重，只好把其中一件带进机舱了。没等多久，维真该过安检了，两人约好随时微信联系，互相道别，祝对方一路平安。

↳ 정답: ① × ② ○ ③ ×

2. 녹음 **大卫**：时间过得真快啊！眼看我们就要回国了。

维真：可不是，你订的是几号的飞机？

大卫：下星期二的。你呢？

维真：下周一的飞机。山田什么时候回国？

大卫：还不知道。前几天山田的家人来了，他说回国前先跟家人在中国玩儿几天。

① 大卫订了几号的飞机？
② 维真订的是几号的飞机？
③ 回国前山田有什么安排？

↳ 정답: ① C ② A ③ B